真学习初探

——青岛市市南区王冬宇名师工作室 小学语文教学研究与实践札记

主　编　王冬宇

副主编　张　珂　吴文静　刘佳妮

编　委　纪琪琪　张唯钰　王　静

　　　　仉煜鑫　张　臻

中国海洋大学出版社

· 青岛 ·

图书在版编目(CIP)数据

真学习初探:青岛市市南区王冬宇名师工作室小学语文教学研究与实践札记 / 王冬宇主编 . -- 青岛:中国海洋大学出版社,2024. 5

ISBN 978-7-5670-3832-5

Ⅰ. ①真…　Ⅱ. ①王…　Ⅲ. ①小学语文课－教学研究
Ⅳ. ①G623. 202

中国国家版本馆 CIP 数据核字(2024)第 073478 号

出版发行	中国海洋大学出版社		
社　　址	青岛市香港东路 23 号	**邮政编码**	266071
出 版 人	刘文菁		
网　　址	http://pub.ouc.edu.cn		
订购电话	0532－82032573(传真)		
责任编辑	董　超　郝倩倩	**电　　话**	0532－85902342
印　　制	日照报业印刷有限公司		
版　　次	2024 年 5 月第 1 版		
印　　次	2024 年 5 月第 1 次印刷		
成品尺寸	170 mm ×240 mm		
印　　张	9. 25		
字　　数	166 千		
印　　数	1～1 000		
定　　价	58. 00 元		

发现印装质量问题,请致电 0633－8221365,由印刷厂负责调换。

序言

　　《义务教育语文课程标准(2022年版)》颁布之时,恰逢王冬宇名师工作室《真学习初探——青岛市市南区王冬宇名师工作室小学语文教学研究与实践札记》一书完稿并即将付梓之际,阅完书稿,发现书中透出的教育理念、核心价值等恰与新课标导向相吻合,该书堪称践行新课标的鲜活范例。

　　这一集体智慧的结晶,面向真实问题,不拘一格,直击课堂痛点,直达课改堵点。整本书从"三序合一"教学法的路径初探、模型建构到实践反思,从工作室的引领到众多教育同路人的自发加入,既有对"三序"的线性思考与"三序合一"的横向融会贯通,又有对知识、能力、素养的实践操作层面的纵向融会贯通,将必备知识与关键能力、学科素养、核心价值紧密相连。此书在绵密幽微的精耕细作中为语文教育"真学习"的研究留下了清晰探索的足迹,直抵教育的根底,带给我们诸多启示。

　　该书字里行间流淌着教师们潜心研究、笔耕不辍的热情。教师们脚踏实地地植根于语文课堂之中,深度实践、研究、反思,执着前行,厚积薄发,闪耀着智慧碰撞的火花。此书字里行间跳动着质朴纯真的育人之心,洋溢着对教育、对未来、对人本身的关怀。此书似一阵风吹动一树叶子,如一滴水荡漾出汪洋的涟漪,为读者打开了一扇新的智慧之窗。

商德远

(全国优秀教研员、山东省特级教师、齐鲁名师)

目录

第一章
"三序合一"教学法

一、"三序合一"的内涵界定

"三序合一"中的"三序"分别是指"核心知识序""认知建构序""学习活动序"。"核心知识序"指教材内容中的知识点在所处的知识体系中的顺序。教师备课时,精心选择"核心知识序"中的知识,精准定位教师应该"教什么"、学生应该"学什么"。"认知建构序"指学生认知过程,即聚焦单元语文要素和语文核心素养落地的学习建构过程序列。教师站在学生的视角分析学生的学习认知过程,确定"怎么学",也关注教师"如何导"。以核心素养为目标,以学生学会学习为中心,引导学生深层思考、深度学习,学会思辨、推理、验证、应用、创新,让学习真正发生,让学生能够学以致用。"学习活动序"指教师活动设计,即教师通过设计语文实践活动优化"教师教"和"学生学"的过程,引导学生在语文实践活动中建构知识、学会学习,即突出在做中学、在用中学、在创中学。

"合一"就是以上"三序"围绕提升学生核心素养这一目标,以"认知建构序"为轴心,协同促进学生发展,实现单元整体大情境和语文学习任务群设计进阶的结构性变化,变革学习方式,促进学生基于核心素养的深度学习,发展高阶思维(图 1-1),让学生学得有趣、高效,并在学习过程中形成健全人格,实现精神成长,提升生命价值。

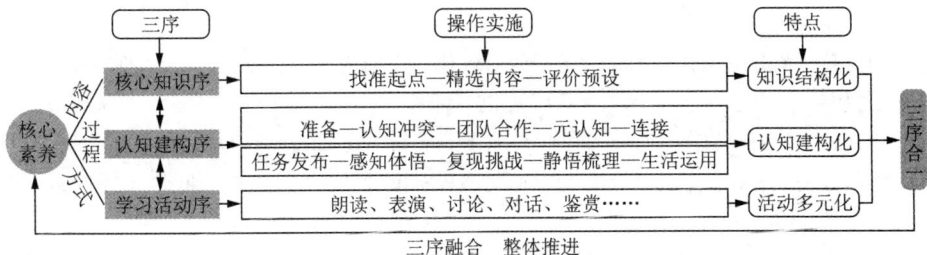

图 1-1 "三序合一"实践研究整体架构

二、"三序合一"的逻辑生成

"三序合一"力求依据教材特点,遵循学生认知规律、身心发展规律和核心素养形成的内在逻辑,通过设计实践活动,引导学生主动学习、学会学习,以实现优质、高效的课堂教学。

(一)理论视角的观照认同

有意义学习的代表人物奥苏贝尔提出:"在教学中,对教师来说重要的是使学生把新知识与头脑中已有的相关知识联系起来。只有把新的学习内容中的要素与已有认知结构中相关的部分联系起来,才能有意义地学习新内容。"[①] 以皮亚杰的"建构主义"理论和维果茨基的"最近发展区"理论为基础的"认知加速"理论提到,学生"认知加速"建构过程一般包括具体准备、认知冲突、团队建设、元认知、连接五个过程。经过这样的认知思维过程,知识会学得更好。浙江省物理特级教师吴加澍老师首次从教材观、学生观、教师观三个角度提出了"三序合一"课堂概念。他认为:"只有课堂教学的有序化,才会有教学过程的高效化;任何一堂能称为过程优化的好课,无不都是'三序合一'的结果。"[②] 这一观点给本书的研究提供了借鉴。

(二)课标视角的观照认同

《义务教育语文课程标准(2022年版)》明确提出"义务教育语文课程实施从学生语文生活实际出发,创设丰富多样的学习情境,设计富有挑战性的学习任务,激发学生的好奇心、想象力、求知欲,促进学生自主、合作、探究学习;引导学生注重积累,勤于思考,乐于实践,勇于探索,养成良好的学习习惯[③]。《义务教育课程方案(2022年版)》强调,要"突出学科思想方法和探究方式的学习,加强知行合一、学思结合,倡导'做中学''用中学''创中学'"[④]。《义务教育语文课程标准(2022年版)》和《义务教育课程方案(2022年版)》的新要求,也为本书的研究提供了参考依据。

---

① 何雪玲. 奥苏贝尔认知同化学习理论对现代教学的启示 [J]. 钦州学院学报,2008(1):99-102.

② 吴加澍. 对物理教学的哲学思考 [J]. 课程. 教材. 教法,2005(7):68.

③ 中华人民共和国教育部. 义务教育语文课程标准(2022年版)[S]. 北京:北京师范大学出版社,2022:3.

④ 中华人民共和国教育部. 义务教育课程方案(2022年版)[S]. 北京:北京师范大学出版社,2022:5.

（三）师生视角的差异观照

教材是知识的载体，而且主要呈现知识的结果，无法体现知识的生成过程，因而教材知识呈现静态特征。统编版语文教材中的知识点是以语文学习任务群为形式组织起来的。其中，教学知识的结构化是教材解析并形成结构化认知内容的难点，且课堂实施"以学为中心"，认知建构的课堂观尚未达成，许多教师对任务、任务群、教学环节、学习活动等重视不够、认识不深。大部分教师将知识结构化、学习过程建构化、建构过程活动化三者割裂开来，未将其有机融合，也未能达成构建个性化高效课堂的目标。

学生学习知识是一个从未知通向已知的过程，是一个富有生命活力的动态过程。教师的教是以教材知识和学生学习为基础的，三者的割裂会导致教学低效。

所以，"三序合一"整体推进就是为了遵循"生活逻辑—学科逻辑—学习逻辑"，重构知识，引导学生亲历知识探究的过程，在语文实践活动中学习、体验、发展素养，形成能体现深度学习、素养养成特点的语文特色课堂。

三、"三序合一"的实施路径

（一）梳理"核心知识序"

"核心知识序"是构建"三序合一"课堂的基础。本部分的关键是准确分析、寻找、确定重点学习的事实性知识、方法性知识和价值性知识，精准定位"学什么"和"教什么"；尝试采用确定"单元整体大情境（单元大任务）——重点学习内容任务落实"的方式，对知识进行梳理，实现单元知识学习的结构化。

1. 定位核心知识的学习起点

核心素养视角下，首先要分析学生的已知和未知，梳理教材各单元和各课时需要学习的核心知识，并准确定位学习的起点。通过分析课标、纵横双向理解教材、调研学情等，就能找准并确定单元核心知识学习的起点。

例如，统编版语文教材六年级上册第八单元的人文主题为"走近鲁迅"，此单元指向"文学阅读与创意表达"任务群。单元阅读训练要素为"借助相关资料，理解课文主要内容"。各年级、各单元皆有各自不同的知识学习要求，如表1-1所示。

表1-1 统编版语文教材各单元知识学习要求示例

册次	单元	知识学习要求
一上	第七单元	联系学生生活实际，理解课文内容

册次	单元	知识学习要求
二上	第一单元	借助图片,了解课文的内容
二上	第六单元	借助关键词,了解课文内容,练习讲故事
二下	第六单元	提取主要信息,了解课文内容
三上	第六单元	学习带着问题默读,理解课文的意思
五下	第六单元	了解人物的思维过程,加深对课文内容的理解
六上	第八单元	借助相关资料,理解课文主要内容
六下	第四单元	查阅相关资料,加深对课文的理解

通过纵向分析,就能定位该单元的知识,有效进行前后衔接。在此基础上再对本单元中的每一课时进行横向分析就能发现需要借助哪些相关资料理解课文内容。纵向、横向综合分析又可看出,同是借助资料,低年级的学生主要通过借助图片、借助文章中的关键词、联系生活等理解内容。通过分析具体某一单元又会发现,要借助写作背景、个人经历等相关资料理解课文内容。

纵向分析和横向分析相结合就确定了知识学习的起点,对知识的理解也更加深刻。

2. 确定核心知识的重难点

要确定每篇课文的重难点可遵从"读写一致"或"取难放易"原则,整体分析各单元的学习内容,确定"核心知识"的重难点。

例如,统编版语文教材六年级上册第八单元的人文主题为"走近鲁迅",共编排了《少年闰土》《好的故事》《我的伯父鲁迅先生》《有的人》四篇课文。本单元既有鲁迅先生自己的作品,也有亲人对鲁迅先生的回忆,还有后世对鲁迅先生的评价,从不同视角,运用不同表现手法,多角度展现了鲁迅的形象。结合单元语文要素和课后题,就可以了解这位文学巨匠的成就,感受他的精神世界和人格力量,从而深刻认识生命的价值。如何准确确定每一课的重难点呢?本单元的表达要素为"通过事情写一个人,表达出自己的情感"。从"读写一致"的角度进行横向分析,以"有你,真好"为写作学习主线学习《少年闰土》一课,就可以重点感受静态环境与动态人物相结合的场景,学习如何写好静态环境中的动态人物形象;学习《我的伯父鲁迅先生》一课时,可重点通过具体事例来挖掘人物特点,重点学习感触较深的事;学习《好的故事》一课时,通过重点学习场景描写学会把事情写得生动具体;最后,再通过《少年闰土》《我的伯父鲁迅先生》学习如何在写作中融入作者的情感,反复品味印象深的画面,重点品读印象深的事件,走进作者的内心,学会表达真情实感,突破难点,最终实现"读写一致",达成提升素养的目标。

3. 预想核心知识的评价表征

对"核心知识"及其核心素养进行归类分析,对期望达成的目标进行分解,确定知识评价的要点、标准及评价方式、方法等,以突出体现核心知识落实的"教—学—评"一致性。

(二)落实"认知建构序"

"认知建构序"是"三序合一"课堂教学的核心。把以皮亚杰"建构主义"理论和维果茨基"最近发展区"理论为基础的"认知加速"建构过程应用到语文学科中,依据语文学科特点,学生呈现的认知建构序列一般为"任务发布—感知体悟—复现挑战—静悟梳理—生活运用"(图1-2)。

图1-2 "三序合一"中的认知建构序列

"任务发布"指在情境中发布任务以唤醒学习动机并建立与已知的联系;"感知体悟"指在主问题研究中合作学习、探究学习和建构知识的过程;"复现挑战"指在小组合作练习中熟练掌握并建构新知;"静悟梳理"指在反思总结中回顾解决问题的过程并形成自我认知;"生活运用"指在拓展延伸、迁移应用中提升核心素养。

这一过程尝试在确定的单元大任务下,对重点学习内容设置符合认知规律的"子任务群",规避"问题—结论"的贴标签式浅表学习,实现"从现象分析到经历过程,到形成结论,更要看到知识、思维、能力、品格素养形成"的深度学习,从而实现"任务群设计的结构化和知识学习过程的建构化"(图1-3)。

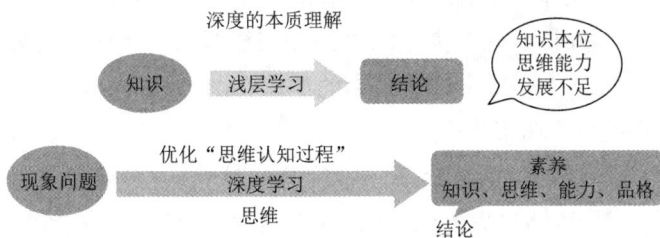

图1-3 深度学习概念图

从"单元整体性"的角度,拉长学习链,给学生更多感知体悟、自主探究、合作推进的机会,实现对"核心知识"的深度学习。

例如,六年级上册第八单元《少年闰土》一课的认知建构序的有效落实操作流程如下。

1. "任务发布"环节

本单元主题为"走近鲁迅",是该册教材中唯一的人物单元。根据六年级学生的阅读经历和阅读习惯,他们常常会关注生动的情节内容、小说的人物形象等,很少会主动去发现、欣赏作者的遣词造句、布局谋篇等。基于这一单元内容和形式的特殊性,我们从学生的学情出发,紧扣单元要素,设置了本单元大情境"原来你是这样的鲁迅——走近文学巨匠鲁迅先生",从作家鲁迅、亲人鲁迅、印象鲁迅三个板块,完成鲁迅的人物档案卡。教师通过发布学习任务,在情境中唤醒学生学习的动机并建立与已知的联系。

2. "感知体悟"环节

进行自主探究对学生来说十分重要。本单元的两个语文要素"借助相关资料,理解课文主要内容"指向阅读;"通过事情写一个人,表达出自己的情感"则指向写作。再结合课后第二题,就产生了这节课的主问题:结合相关事例,说说闰土是个怎样的少年? 以课文第一自然段"看瓜刺猹"为例,引导学生体会鲁迅文字的魅力。比较同样的一件事情,在作者"我"的眼中(第一自然段)和闰土的眼中(第八至十三自然段)有什么不同,这两部分有着截然不同的风格,给读者不同的感受。再比较文中部分用字与现在的不同,带领学生感知鲁迅那个年代文学作品的特点,感受鲁迅作品的独特风格。在比较中,拉近了学生与鲁迅语言的距离,同时让学生再次感受到语言文字的丰富性和魅力所在。这也是对子任务"作家鲁迅"写作风格的初步感知。

3. "复现挑战"环节

此环节是引导学生在小组内合作练习、掌握新知的过程。引导学生"自选角度,默读批注,感受闰土的形象,然后在小组内交流自学成果"。在这个过程中,引导学生关注文本中的细节,同时紧扣单元语文要素,借助篇章页的资料、自己搜集的资料等,将小说中少年闰土的外貌描写与中年闰土的外貌描写进行比较。通过比较,学生心目中少年闰土的形象逐渐丰满而立体。

4. "静悟梳理"环节

这是学生回顾学法、总结全文、凝聚情感的环节。引导学生再次关注第一自然段,读第一遍时,感受少年闰土的美好;读第二遍时,感受"我"在面对中年闰土时的心痛;读第三遍时,读懂鲁迅对唤醒人们心灵的渴望;最后熟读成诵,在逐层递进的诵读中，明晰应该努力成为更好的自己。

5."生活运用"环节

在对鲁迅文章的内容、语言了解的基础上，进行"生活运用"，在拓展延伸中提升学生的语文素养。引导学生再次关注课文的第一自然段。提取总结作者"静态环境描写＋动态人物描写"的场景描写方法，引导学生从其他三件新鲜事中选一件进行想象和改写。这样做，既是对作者写法的学以致用，又能帮学生更全面地感受鲁迅笔下闰土的形象；引导学生感受鲁迅的语言、亲近鲁迅的语言，从而使学生自然而然地喜欢上鲁迅笔下的人物。

（三）经历"学习活动序"

这一部分的关键是让学生能在师生共同设计的语文实践活动和迁移运用中实现"创新"。这一部分是新课标重点倡导并推崇的学习方式之一，也是"三序合一"课堂的路径所在。

根据不同的子任务，从"问答、朗读、鉴赏、表演、表达、讨论"中选择合适的语文学习实践活动，引导学生积极参与，突出做中学、用中学、创中学。

这是教师的经验储备发挥巨大作用、指导学生学以致用的重要序列。通过"三序合一"分析，教师能够找准学习的重难点，明确学习过程，合理安排学习活动，使学生对知识有更深层次的理解。当然，教师安排的学习活动应符合学情，让学生建立新知与旧知、与生活的联系，实现高通路迁移，让教学流程更加优化、教学环节更加有序。

总之，我们认为上好一节课，就要以核心素养为目标，做到"三序合一"。立足"核心知识序"，以"寻找"为基点，厘清知识的内在联系，结构化解读教材；立足"认知建构序"，以"顺应""建构"为主线，建构符合学生认知规律的深度学习，结构化任务群；立足"学习活动序"，以"创新"为亮点，强调活动设计、体验、应用、创新，让思维可见，将学习实践活动结构化。设计基于真实情境的问题解决大任务，让语文课堂更有序、更高效，使学生在"以学为中心"和问题解决的深度学习中快速提高语文核心素养。

第二章
"语言运用＋文化自信"核心素养达成

第一节 "语言运用＋文化自信"核心素养解读

文化是一个民族的根,缺乏文化根基的民族是没有灵魂的民族,一个具有高度文化自信的民族才能充满朝气、勇气和活力。文化自信是一个民族、一个国家对自身文化价值的充分肯定和积极践行并对其文化的生命力持有的坚定信心。文化自信是更基础、更广泛、更深厚的自信,这在某种意义上特别强调了它的基础地位,凸显了长期性和稳定性。在新课程改革逐步推进的过程中,小学语文教育工作者要重视对学生文化自信的培养。

一、文化自信:语文课程核心素养的根基

在《义务教育语文课程标准(2022年版)》中,文化自信被列为重要的核心素养之一,培养学生的文化自信对社会主义现代化建设中创新型人才的培养具有重要意义。《义务教育语文课程标准(2022年版)》指出,"文化自信是指学生认同中华文化,对中华文化的生命力有坚定信心。通过语文学习,热爱国家通用语言文字,热爱中华文化,继承和弘扬中华优秀传统文化、革命文化、社会主义先进文化,关注和参与当代文化生活,初步了解和借鉴人类文明优秀成果,具有比较开阔的文化视野和一定的文化底蕴"。因此,在小学语文课堂教学中培养学生的文化自信,有利于提升小学生的思想道德素养和综合素质。

特级教师王崧舟老师在其《秉纲而目自张 执本而末自从——〈义务教育语文课程标准(2022年版)〉"核心素养"解读》一文中指出:根据2022年版课标的表述,文化自信主要包括文化认同、文化积淀、文化理解、文化参与等要素。

1. 文化认同

通过学习运用国家通用语言文字,体会中华文化的核心思想理念和人文精

神,增强文化自信,理解、认同、热爱中华文化。文化认同是一个长期浸润的过程,也是一个对话思辨的过程,更是一个在浸润和对话中自主建构的过程。

2. 文化积淀

在丰富的语言实践活动中,对富有文化内涵和品位的经典文本,尤其是中华文化的经典文本口诵心惟、熟读精思,并能持之以恒、日积月累,从而拥有数量丰富、品位高雅的文化记忆。

3. 文化理解

通过学习语言文字作品,领会中华文化的博大精深,理解中华文化的强大生命力和先进性,初步理解和借鉴不同民族、不同区域、不同国家的优秀文化,懂得尊重和包容。

4. 文化参与

关注并参与当代文化传播与交流,在运用国家通用语言文字的过程中,坚持文化自信,提高社会责任感,增强为中华民族伟大复兴而奋斗的使命感和荣誉感。

文化认同是文化自信的出发点,也是最终归宿。文化自信基于文化认同,丧失文化认同,文化自信也就成了无源之水、无本之木。文化积淀是文化自信的有力证明,认同带来接纳,接纳形成积淀,长期积淀使文化自信更加坚定。文化理解是文化自信的关键所在,自信不是迷信,不是盲从,而是在对文化的感受、分析、比较、判断等过程中形成并发展起来的,促进自我反思、自我建构。文化参与则是文化自信的实践表达与行动证明,所谓内化于心、外化于行,体现了文化意义上的知行合一。

二、桥梁互通:在语文教学中渗透文化自信教育

《义务教育语文课程标准(2022年版)》提出,中华文化主要包括中华传统文化、革命文化和社会主义先进文化。语言文字既是文化的载体,也是文化的重要组成部分,学生学习语言文字的过程也是积累和提高文化水平的过程。在语文课程中,学生的文化素养的提升以语言运用为基础,并在学生个体语言经验积累的过程中得以实现。语文教材是在小学语文教学中渗透文化自信的重要载体,小学语文教材中也蕴含着丰富的教育阅读资源。因此,教师要充分发挥语文教材的作用,在落实语文要素的过程中挖掘、整合其中丰富的文化自信教育资源,并渗透在语文教学中,培育小学生的爱国主义情感,完善其人格。教师也要更新教学策略,为学生搭建文化素养形成的桥梁,利用语文学科的特点,让课堂成为中华优秀传统文化的传播媒介,营造良好的文化氛围,增强学生的

文化自信。

三、单元统整：以学习任务群促进文化自信的提升

语文课程的多重功能和奠基作用，决定了它在义务教育中的重要地位，也决定了它在促进学生核心素养提升方面的重要作用。在《义务教育语文课程标准（2022年版）》的理念下，语文教学必须以单元学习内容为载体，将零散的单篇课文学习改为整体情境下的综合性学习，充分实现一个单元内各要素的深度融合，体现内容舒展、逻辑严密、表达生动的课程思维。四个方面的核心素养概述了预期的学习结果，课堂教学需要以具体的单元整体教学目标为指导。单元整体教学设计上承课标中的核心素养培养要求，下启单次单课教学，帮助语文核心素养落地。

其中，《小英雄雨来》《黄继光》《挑山工》等文章就是对学生开展爱国主义教育、增强学生文化自信的载体，教师应充分把握，引导学生在体会人物美好品质的同时建立正确的人生观和价值观，增强文化自信。而《古诗三首》《纸的发明》《赵州桥》和《一幅名扬中外的画》等几篇课文，则使学生从科技、建筑、艺术方面感受中华优秀传统文化的魅力，提升文化认同感和自豪感。同时，在文化自信的背景下，教师还应充分看到文化自信渗透方面的不足，找到自己在课堂教学中存在的问题，及时更新教学策略。为此，在具体的教学过程中，教师可以开展丰富多样的教学活动，让课堂教学为学生文化自信的形成奠定坚实基础。

第二节 "三序合一"促素养提升实施路径

案例1 正向设计大单元教学策略——以三年级下册第三单元为例

统编版语文教材三年级下册第三单元围绕"中华优秀传统文化"这一人文主题编排，《古诗三首》一文为我们展示了春节、清明、重阳节等传统节日的习俗，充满浓浓中国味；《纸的发明》《赵州桥》和《一幅名扬中外的画》这几篇课文分别从科技、建筑、艺术几个方面展现了中国历史文化遗产的魅力。综合性学习活动主要围绕传统节日展开，既有深度理解之后对传统节日内涵的表达，又有从生活视角对传统节日理解的回看。语文园地板块展示了与传统文化有关的四字词语，便于学生积累。单元内容使学生始终浸润在传统文化氛围中，

有积淀,有理解,有认同。本单元的语文要素为"了解课文是怎么围绕一个意思把一段话写清楚的""收集传统节日的资料,交流节日的风俗习惯,写一写过节的过程"。一个要素指向阅读,侧重探索语言文字运用的方法和规律,在理解中体验中华文化;另一个要素旨在引导学生在探究实践中了解中华优秀传统文化,感受传统文化的魅力。由此,我们看到,通过本单元的学习,学生能在语言实践中更加了解传统文化,更加热爱优秀传统文化,增强对中华文化的认同感,进而提升文化自信。

一、核心知识序

核心知识序旨在对本单元的内容进行结构化解读,理清单元内部各板块及本单元在全学段学习中的地位和作用,找准学生学习的起点,明确"文化自信"素养提升的着力点。

《义务教育语文课程标准(2022年版)》指出:跨学科学习任务群旨在引导学生在语文实践活动中,联结课堂内外、学校内外,拓宽语文学习和运用领域;围绕学科学习、社会生活中有意义的话题,开展阅读、梳理、探究、交流等活动,在综合运用多学科知识发现问题、分析问题、解决问题的过程中,提高语言文字运用的能力。

本单元围绕"中华优秀传统文化"这一人文主题,编排了《古诗三首》《纸的发明》《赵州桥》三篇精读课文及一篇略读课文《一幅名扬中外的画》,还安排了一次综合性学习活动。《古诗三首》描绘了春节、清明节和重阳节时人们过节的情景,展示了中华传统节日的民间风俗,体现了中华传统节日的文化内涵;《纸的发明》介绍了纸发明的过程,告诉我们中国古代四大发明之一"造纸术"极大地促进了人类社会的进步和文化的发展;《赵州桥》一文介绍了赵州桥美观、坚固的特点和设计上的创举,表现了中国古代劳动人民的智慧和才干;《一幅名扬中外的画》描绘了北宋都城汴京热闹的街市,再现了古都的风貌。

本单元的综合性学习是小学阶段第一次出现的综合性学习栏目,编排是嵌入式的,即综合性学习的活动要求分布在每篇课文之后,以阅读教学带动综合性学习的开展。活动中,教师引导学生在了解传统节日及其风俗的基础上写一篇习作,同时采用各种不同的方式展示学习成果。所以,本单元的综合性学习要依托课文的学习层层推进,学生通过课文的学习获得资源支持,学习并运用收集资料、整理资料等方法,综合多学科的知识与能力进行体验、探究,促进素养提升。单元学习的过程是综合性、实践性、情境性的统一,由此看出,这一单元更多指向"跨学科学习任务群"。

（一）内部横向解读

1. 关于阅读训练要素

本单元"了解课文是怎么围绕一个意思把一段话写清楚的"这一阅读要素贯穿单元学习始终。《赵州桥》一课，关注段落总分结构，通过抓中心句理解课文是怎么把一段话写清楚的，学方法；《一幅名扬中外的画》一课，学生自主思考"为什么这幅画能名扬中外"，提取信息后关注中心句尝试口头表达，用方法；语文园地"词句段运用"板块，再次感知后围绕一个中心意思写一段话，书面表达内化方法。学习路径为"感知学习—口头输出—书面输出—内化梳理"，由学习到迁移运用，实现读写一致和生活应用。

2. 关于综合性学习

三年级第三单元的综合性学习是嵌入式的，与本单元的阅读与表达训练同步进行，所以要明确学习重难点，促进学生发展，还要进行横向联系，找准本单元教材内容的内在逻辑线。

《古诗三首》：通过学习了解春节、清明、重阳节的习俗，为传统节日研究提供资源支持。通过理解诗意、想象画面了解三种节日的习俗，进一步回顾生活中的传统节日，回想自己的家人是怎样过节的，激发研究的兴趣。然后明确活动要求——了解我国重要传统节日及习俗，发布第一阶段的任务：自由组成小组，明确活动要求，讨论要了解哪些节日，明确可以收集哪些方面的资料（时间、习俗、传说、来历），利用小气泡和表格提示收集资料的途径和记录资料的方式，制订活动计划。（提供资源支持）

《纸的发明》：在本课的学习中，教师引导学生学习用时间轴梳理中国书写材料的演变；借助流程图梳理蔡伦造纸的过程；采用表格的形式，对比蔡伦改进造纸术前后书写材料的优点、缺点。引导学生根据自己收集的材料的特点，选择合适的工具整理资料。发布第二阶段活动提示：小组内交流各自收集的资料，借助时间轴、流程图、表格整理资料；讨论展示的方式，并根据展示方式回看需要补充哪些材料。（提供思维支架）

《赵州桥》：在本课的学习中，教师引导学生关注关键词句，明确文章的作者选择了赵州桥给人留下最深印象的方面来介绍，读写结合指向习作，明确习作中要选择与节日相关的印象深刻的事来写；同时，介绍传统节日时也要选择印象深刻的部分来讲；再者，关注段落的总分结构，借助关键词，学习用气泡图介绍赵州桥的特点。综合性学习中，用气泡图梳理传统节日几个方面的特点，懂得怎样讲好传统节日，即围绕特点，运用总分结构，从不同方面进行介绍；在理解文本的基础上感受劳动人民的智慧和才干，激发自豪感。总之，建议选择印象深刻的内容讲,借助气泡图把印象深刻的地方讲清楚,练习宣讲,为小组传统节日介绍提供言语实践的经验。(提供言语实践经验)

《一幅名扬中外的画》:通过本课的学习,关注段落的总分结构,进一步了解课文是怎样围绕一个意思把一段话写清楚的,结合课文内容和图画介绍《清明上河图》,学习用图文对照的方式介绍内容,启发学生在综合性活动展示时可以采用出示图片、绘制手抄报、表演等多种形式,提供展示方式的样例。(提供展示方式样例)

(二)宏观纵向解读

1. 关于阅读训练要素

本单元语文要素是"了解课文是怎么围绕一个意思把一段话写清楚的;收集传统节日的资料,交流节日的风俗习惯,写一写过节的过程"。

纵向来看,逐步深入,本单元的学习起到桥梁的作用。如表 2-1 所示,三年级上册第六单元的阅读训练要素"借助关键语句理解一段话的意思"是借助文章给定的语句来理解一段话的意思,关键在于确定哪些是关键性语句,阅读经验的积累起到一定的作用;三年级下册第三单元的阅读训练要素"了解课文是怎么围绕一个意思把一段话写清楚的",由关注关键句到着眼整个段落,由理解意思到感知方法,学习进一步深入;三年级下册第四单元则要求把关键句子当成概括大意的"抓手",由理解进阶到运用;六年级上册第五单元的阅读训练要素"体会文章是怎样围绕中心意思来写的"则是由段到篇,学习表达中心意思的方法。

表 2-1　部编版小学语文教材中的阅读训练要素

册次	单元	阅读训练要素
三上	第六单元	借助关键语句理解一段话的意思
三下	第三单元	了解课文是怎么围绕一个意思把一段话写清楚的
三下	第四单元	借助关键语句概括一段话的大意
六上	第五单元	体会文章是怎么围绕中心意思来写的

2. 关于综合性学习

三年级下册第三单元第一次明确出现"综合性学习"的要求,之后分别在四年级下册第三单元、五年级下册第三单元、六年级下册第六单元又相继编排了综合性学习单元,只有明确综合性学习在各年级的联系,才能更好地确定三年级综合性学习的起点和学习的重难点。

从内容上看,表2-2中的学习内容逐步深入,最终联系生活,服务于生活。由三年级与生活联系十分密切的传统节日研究,到四年级了解诗歌这种文体、感知其特点的文学性研究,再到五年级逐步深入的语文实践性研究,最后到六年级运用之前学过的方法,综合各方面的能力,服务于生活。学生通过综合性学习,收集资料、整理资料、合作交往等各方面的能力得到提升。

表2-2 部编版小学语文教材中的综合性学习内容

册次	单元	单元主题	综合性学习内容
三下	第三单元	中华传统节日	① 写一写过节的过程。② 展示活动成果
四下	第三单元	轻叩诗歌大门	合作编小诗集,举办诗歌朗诵会。 小贴士:用恰当的语气读出诗歌表达的情感。表情手势要自然
五下	第三单元	遨游汉字王国	① 搜集字谜,开展猜字谜活动。② 搜集体现汉字特点的古诗、歇后语、对联、故事等资料,办一次趣味汉字交流会
			① 搜集更多资料,围绕汉字历史、汉字书法或其他感兴趣的与汉字有关的内容开展简单的研究。② 调查同学的作业本、街头招牌、书籍报刊等,围绕生活中用字不规范的情况开展简单的研究
六下	第六单元	难忘小学生活	① 填写时间轴。② 分享难忘回忆。③ 制作成长纪念册
			① 举办毕业联欢会。② 写信

从编排方式看,三、四年级的综合性学习是嵌入式的,即综合性学习的活动分布在每篇课文之后,以阅读教学带动综合性学习的开展,直到五、六年级才设置专门的综合性学习单元,这样的编排方式给学生搭建了逐步学习、能力提升的阶梯。

从学习重点上看,三年级的综合性学习旨在引导学生学习收集资料,将分散的资料集中到一起,并联系生活经验。四年级的综合性学习则引导学生根据需要收集资料,初步学习整理资料的方法。到了五年级,学生在中年级学习"收集资料"的基础上,通过广泛的渠道有目的地搜寻资料,意在让学生更加精准地查找需要的资料,学习搜集资料的基本方法。在有目的地搜集资料、调查之后,进行分析,得出结论,形成研究性报告。六年级的综合性学习单元与学生生活联系紧密,教师要引导学生综合运用已经学过的收集资料、整理资料的方法,根据自己的需要收集、筛选和分类整理资料,学写策划书。

基于本单元阅读训练要素与综合性学习的双线推进,将综合性学习要求前置,结合本单元传统文化内涵设置"班级传统节日宣讲赛"的大情境,串联整个学习过程。学生想要在宣讲赛中胜出,需要在学习中不断积累提升。在课文学习过程中,教师要引导学生经历感知节日风俗—领略科技成就—欣赏建筑设计—感受艺术之美这个过程,体会传统文化的丰厚内涵;同时,推进明确要求、制订计划—整理材料、筛选汇报内容—学方法、尝试介绍节日—用方法、丰富介绍形式这个过程,完成综合性学习与探究,最终双线合一,达成读写一致,进行生活应用,从而提升文化自信。

二、认知建构序

在对学习内容进行结构化解读,形成核心知识序列的基础上,要实现学生核心素养的提升,需要引导学生认真学习,进行深度学习。

《深度学习:走向核心素养(理论普及读本)》一书给深度学习下了这样的定义:所谓深度学习,就是指在教师引领下,学生围绕着具有挑战性的学习主题,全身心积极参与、体验成功、获得发展的有意义的学习过程。在这个过程中,学生掌握学科的核心知识,理解学习的过程,把握学科的本质及思想方法,形成积极的内在学习动力、高级的社会性情感、积极的态度、正确的价值观,成为既有独立性、批判性、创造性,又有合作精神、扎实基础的优秀的学习者,成为未来社会历史实践的主人。

由此我们看出,与由知识到结论的浅表学习不同,深度学习以培养高级的心理机能为目标,强调引领性主题下学习者通过自主、全感的认知活动,对知识或问题形成全面、深入的理解和认识,最终实现知识、能力、思维、品格的综合发展,提升核心素养。

北京师范大学的张春莉、土艳芝两位教授认为,学生的深度学习过程分为五个阶段:经验调取、概念失稳、概念解构、意义建构、重改概念网络(图2-1)。

经验调取:调取之前的经验面对新的情境问题,在提升兴趣的同时,将前概念外化。

概念失稳:阐述概念解读方式,意识到前概念的局限性,产生认知冲突。

概念解构:对前概念进行解构,形成清晰、客观的概念认知,使对新概念的理解和认识成为可能。

意义建构:基于自身经验主动地对知识(客体)进行意义建构,满足自己的发展需要。

重构概念网络:第一阶段,通过变式练习,不断进行正向强化和错误规避,逐渐形成单个概念的意义网络;第二阶段,通过综合实践活动对概念网络进行反思、修正,打通新概念与已有概念的连接通道,形成不同概念网络之间的连接。

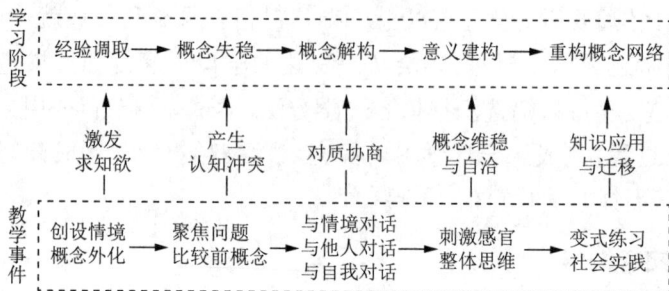

图 2-1 深度学习的五个阶段

在深度学习理论的指导下,基于语文学科的特点,我们认为学生学习语文的方法序列包括以下五个阶段(图 2-2)。

动机唤醒:任务发布,激发学习兴趣,唤醒主动学习动机。

梳理准备:面对新的问题或情境,意识到以往经验的局限性,产生认知冲突。

感知体验:在任务研究中感知、体验、质疑、回答。

探究联结:个体学习或合作学习,不断加深认识。

迁移应用:练习迁移,生活应用,提升素养。

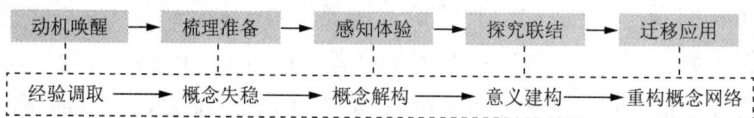

图 2-2 语文学科深度学习的五个阶段

基于此,我们对三年级下册第三单元深度学习的过程进行了分析。

第一,动机唤醒。在"班级传统节日宣讲赛"的大情境下,"如何能在宣讲赛中胜出"这一任务极大激发了学生探究的潜在动机。

第二,梳理准备。明确任务之后,学生进行"梳理准备",自觉梳理既有经验,试图调取以往经验完成节日宣讲的学习任务,经历思考、比较、质疑之后,认识到宣讲素材和宣讲方法的缺乏,进一步做好心理和知识上的准备。

第三,感知体验。《古诗三首》一课为我们展现了春节、清明节、重阳节三个传统节日的节日习俗,寄托着人们的期盼。节日情景的展开,诗文充满韵律的诉说,适切的精美插图,都为学生"感知体验"提供抓手。借助注释和插图,疏通文意,想象补白,体会情感。通过借助停顿、想象、诵读等,学生认识到什么节日才是中国传统节日,节日习俗有哪些,了解传统节日习俗的由来,开始对前概念进行解构。综合性学习第一阶段的要求发布后,学生收集资料,探究学习,扩展自己对传统文化的认识。学生诵读经典古诗,浸润传统文化其中,在课后继续搜集资料,不断丰厚文化积淀,增强文化认同感。

第四,探究联结。这一学习过程在《纸的发明》《赵州桥》《一幅名扬中外的画》三课的学习中逐步展开。这三篇课文分别为我们展示了中国古代科技、古代建筑、古代绘画方面的历史文化遗产风貌。《纸的发明》一课,学生在用时间轴梳理造纸方法演变的基础上,探究"为什么蔡伦改进的造纸方法传承下来了"这个问题,感知中国造纸术的先进性,了解中国对世界文明的伟大贡献,进而理解中华文化的强大生命力。综合性学习方面,学生运用课堂上学到的整理资料的方法,整理传统节日的资料,并在课后继续进行实践补充,建立新知与以往经验的"联结",了解得越全面越深入,文化认同感越强。《赵州桥》一课,主问题为"哪些句子能帮助我们把赵州桥的特点介绍清楚",联结内容与结构,联结文字与图示,也联结理解与应用。学生通过关注中心句、关注关键词,探究"创举"的意思,感受建筑设计的精巧,了解赵州桥为什么世界闻名。通过关注结构—图文对照,探究段落结构的特点,感受古代建筑的美感。综合性学习方面,教师引导学生在宣讲时要选择印象深刻的内容讲,可以借助气泡图把印象深刻的内容讲清楚,然后试着宣讲自己查阅的资料,联结学与用。这一课,学生更深切地感受到中国古代劳动人民的智慧,对中华传统文化有了自己的理解,在感受、比较、判断中建构更为强烈的文化认同感。《一幅名扬中外的话》是一篇略读课文,教师指导学生探究"为什么它会名扬中外"这一问题,引导学生关注结构,进行抓中心句、说清楚意思的变式练习,进行"迁移应用"。同时,教师引导学生在表达和思考中,感受中国传统绘画之美,课后带着自己对传统文化的理解,进一步补充图文资料,为综合性学习展示做准备。

这一阶段既是感受传统文化内涵的过程,也是学习方法的过程。学生了解了时间轴、表格、流程图等整理材料的工具,也习得宣讲方法,可以借助气泡图宣讲自己印象深刻的部分,再把其他部分介绍清楚,也通过交流讨论明确了展示成果的方式,形成了元认知。学生在学习过程中,对我国古代科技发明、古代建筑、古代艺术绘画成就等文化成就的了解逐步深入,增强了文化认同感。

第五,迁移应用。"语文园地"部分,教师引导学生关注中心句说清楚意思的方法,进行变式练习,提升表达能力。"综合性学习"部分,学生对宣讲方法进行"迁移应用",介绍自己喜欢的传统节日,采用文字介绍、图文配合展示、视频讲解、现场演示等各种方式,介绍与节日有关的传说、美食、诗词、歌曲、手工作品等,将自己对传统节日的感受表达出来,加深对传统文化的理解,增强文化自信。

我们可以看出,认知建构序(图2-3)是对学生学习过程的解构,以结构化的任务群设计,引导学生深度学习,从而促进"文化自信"核心素养的提升。《古诗三首》通过古诗浸润,丰富了学生的文化体验和文化积淀;《纸的发明》带学生领略科技成就,通过比较、分析感受中华传统文化的先进,形成自己对传统文化的理解;《赵州桥》让学生深切体会古代劳动人民的智慧,感受中华文化的旺盛生命力,进一步加深文化理解;《一幅名扬中外的画》将学生带入美妙的绘画世界,加深学生对中华文化的认同感。经过前面的学习和积累,学生通过综合性学习传统节日宣讲,将自己的热爱和理解表达出来,用自己喜欢的方式弘扬中华优秀传统文化,坚定文化自信。

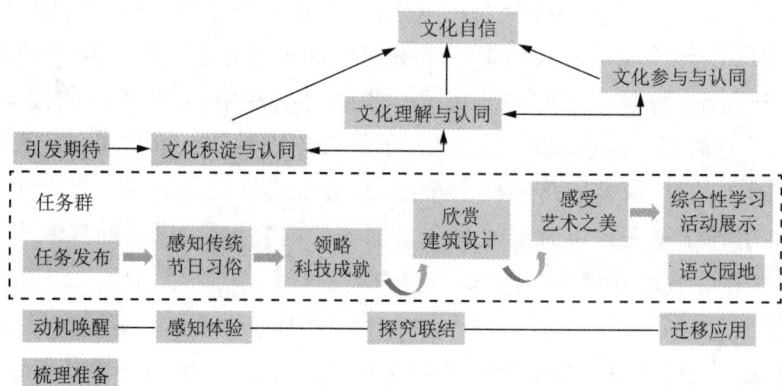

图 2-3 认知建构序

三、学习活动序

教师在以上"三序合一"的分析中,通过核心知识序对学习内容进行解读,找准学习的起点,明确学习重难点,预想评价表征。通过认知建构序顺应学生学习的过程,理清认知过程的步骤。而最终要实现学生核心素养的提升,还要在二者建构合理的基础上,落实到课堂的学习活动中,对支持认知过程各环节的多个活动要有明晰的认识,设计的学习活动序列要符合学情,以取得较好的学习效果。

学习活动是学习者学习和尝试运用语言、理解与表达意义、培养文化意识、发展多元思维、形成学习能力的主要途径。学习活动就是带有学习特质,有助于学习者学习水平提高、学习能力提升和素养发展的活动。语文课堂上,"问答、朗读、鉴赏、表演、讨论……"都是学习活动,教师在"确定的子任务"下,选择和使用"具体环节"的实施步骤。此环节中,教师的经验储备可以发挥巨大作用,教师可以根据学习目标、教学风格、学生特点、课堂生成等自由调整选择。以下仅提供本单元的几种学习活动供大家参考。

1. 情境设定

北京师范大学张春莉、王艳芝两位教授指出,学习情境必须和学习者的感官形式(表达、倾听、交换)联结在一起,才能引发个体的深层兴趣,将学习重点导向根本性问题。新课标也强调,义务教育语文课程实施从学生语文生活实际出发,创设丰富多样的学习情境,设计富有挑战性的学习任务,激发学生的好奇心、想象力、求知欲,促进学生自主、合作、探究学习。由此看来,情境的设计要与学生生活密切联系,且要使学生全感官参与才有可能促进深度学习。在符合学情的基础上,单元大情境可以从以下几个角度设定。

(1)联系人文主题和语文要素,指向核心素养。

(2)联系学生学校或班级活动。

(3)联系学生社会实践活动经历。

(4)联系学生关心的社会热点。

本单元"班级传统节日宣讲赛"的大情境就是从第一个角度出发设定的,这是学生第一次接触综合性学习,将综合性学习要求转化为情境任务,能极大激发他们的学习热情。同时,这一情境又暗合"中华优秀传统文化"的人文主题,通过节日带动传统文化探寻,在综合性学习实践中提升学生的"文化自信"。

2. 朗读活动

朗读是把文字转化为有声语言的一种创造性活动,语文课堂上常用的朗读类型有自由读、齐读、诵读、表演读等,具体采用哪种方式要考虑学情、教学目标、文本特点、课堂生成等因素。本单元的课堂朗读方式比较多样,学生带着问题初读课文时采用自由读的方式,便于学生专注地感知内容;对情感和内容进行内化升华,借助朗读表达情感时多采用齐读的方式,如《赵州桥》一课,学生感受到我国建筑设计的"创举"之后,老师引导学生"满怀自豪,一起读句子",通过朗读表达自己的自豪感,增强文化认同;需要对经典文本进行积累时多采用诵读,诵读的内容多是节奏感强的诗歌、散文等,比如《古诗三首》一课在读懂古诗体会情感之后的诵读,是对诗人情感的进一步体会,也是积累、沉淀的必要途径;表演读带有更强烈的主观色彩,自由度也更高,却能通过神态、动作、语调等多种方式展现个人理解,综合性学习展示时学生比较喜欢用这种方式介绍诗词或故事,展现自己对传统节日的理解和认同。

3. 讨论方式

讨论指就某一问题交换意见或进行辩论。语文课堂上的讨论主要有组内讨论、组间交流、自由讨论等方式,采用哪种方式需要教师根据具体环节的目标和讨论目的进行选择,并进行实时的监控。一般问题通过组内讨论就能互相启发,达成一致。如果老师发现组内讨论仍不能触及问题核心,或学生面对一个从未接触过的新任务,那就可能需要进行组间交流,扩大讨论面,实现组间的信息流动。如学习《纸的发明》一课后,老师发布综合性学习第二阶段的任务,学生要对自己课前查阅的资料进行交流补充,组内讨论之后需要进行组间互动。

另外,课堂活动还有批注、表达、观察、参观、专项练习、随文拓展、填写图表等很多形式,老师可以有依据、有目的地选择使用。

四、"三序合一"整合分析

通过以上阐述,我们发现核心知识序可以对单元学习内容进行结构化解读,帮助我们发现本单元在全学段中的地位以及单元内容之间的联系,以便明晰本单元所属任务群,明确本单元指向的核心素养,精准定位学习起点和重难点。正向实施的认知建构序应顺应学生的认知规律,实现任务群的结构化设计,引导学生按照单元大任务—子任务—具体环节的过程进行深度学习。学习活动序合理安排各环节的学习活动,实现"核心知识序""认知建构序""学习活动序"三序合一(图2-4),提升学生的"文化自信"核心素养。

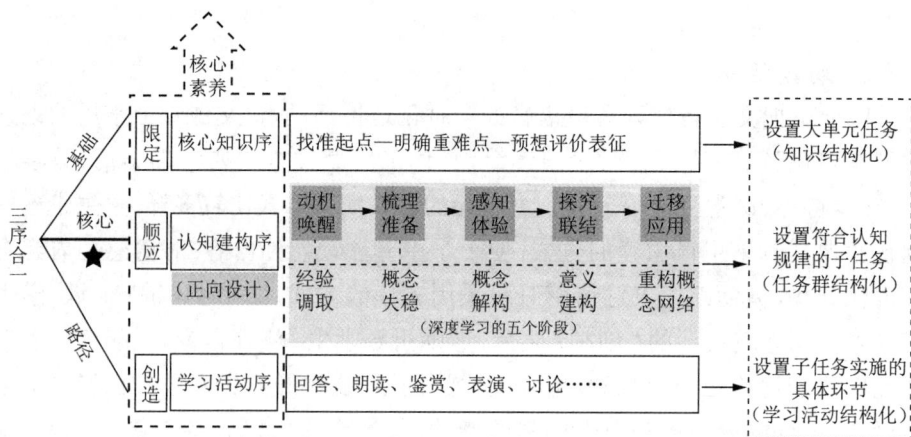

图2-4　本单元"三序合一"实施过程图解

三年级下册第三单元具体教学实施

一、核心知识序

（一）单元主题及内容简析

统编版语文教材三年级下册第三单元围绕"中华优秀传统文化"这一人文主题编排，《古诗三首》一文展示了春节、清明节等传统节日的习俗，表现了传统节日中蕴含的家国情怀；《纸的发明》《赵州桥》和《一幅名扬中外的画》这几篇课文分别从科技、建筑、艺术几个方面展现了中国文化遗产的魅力，彰显了中国古代文化对世界的广泛影响；综合性学习活动围绕中华传统节日的开展，给学生提供了个性展示的平台。

（二）单元目标

（1）认识 34 个生字，读准 7 个多音字，会写 35 个字，会写 35 个词。积累"文房四宝"等有关中华优秀传统文化的四字词语。

（2）背诵、默写指定的古诗，有感情地朗读课文；关注关键词句，理解内容并借助气泡图了解相关段落是怎么围绕一个意思写清楚的，借助流程图了解用连续动词描绘过程的方法。

（3）自由组成小组，采用多种途径收集传统节日的相关资料，并借助表格、时间轴、气泡图等工具进行记录、整理，并能采用多种形式展示综合性学习成果。

（4）选择适当的方式展示综合性学习的成果，能对照综合性学习活动各阶段的评价标准进行自评，并对其他小组的展示活动做出评价，提出改进建议。

（5）关注课文的段落结构和内容，借助时间轴、气泡图梳理自己家过节的过程和印象深刻的故事，选择自己最感兴趣的一个传统节日写一篇习作。

（6）感受中华优秀传统文化的魅力，增强热爱中华优秀传统文化的情感，积极弘扬中华优秀传统文化。

（三）语文要素

本单元的语文要素是了解课文是怎么围绕一个意思把一段话写清楚的；收集传统节日的资料，交流节日的风俗习惯，写一写过节的过程。

1. 纵向解读

学习三年级上册第六单元时，教师引导学生确定哪些是关键语句，借助其理解一段话的意思；学习三年级下册第三单元时，教师引导学生由关注句子到关注段落，由确定关键语句到了解如何使用关键语句；三年级下册第四单元学习运用方法概括段落大意；六年级上册第五单元着眼整篇文章的表达方法，逐步提升学生的阅读素养。综合性学习方面，学生通过各年段的学习探究，处理资料的方法更加恰当、有效,整理资料、合作交往等能力也得到发展。

2. 横向分析

《古诗三首》一课,教师引导学生了解中国传统节日习俗,调动生活经验,进行综合性学习;《纸的发明》一课,教师引导学生了解"纸的前世今生",运用课上学到的方法整理课下收集的资料;《赵州桥》一课,教师引导学生了解"关注中心句理解内容"的方法,学习"宣讲"方法,为综合性学习成果展示做准备;《一幅名扬中外的画》一课,教师进一步介绍"宣讲"方法,最后进行综合性学习成果展示。

3. 核心素养

语言运用、文化自信。

4. 任务群

跨学科学习。

二、认知建构序

(一)单元大任务

基于学情、本单元语文要素及单元目标,创设"班级传统节日宣讲赛"大情境,在此情境下设置"我是小小宣讲员"大任务,并设置四个综合性学习步骤:制订活动计划—学会整理资料—进行展示准备—展示活动成果。

(二)单元任务群设计

本单元的单元任务设计如图 2-5 所示。

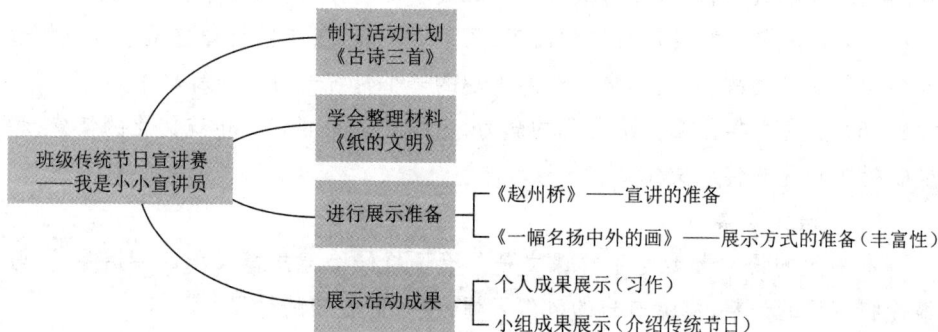

图 2-5 单元任务设计

三、学习活动序

《纸的发明》

(一)学习内容

本文共有五个自然段,按时间顺序介绍了造纸方法的沿革。最初,人们把文字刻在龟甲、兽骨、青铜器、竹片、木片上,写在帛上,西汉时期造出麻纸,东汉时期蔡伦改进了造纸术。教师引导学生了解纸的发明过程,感知中国古代科技成就对世界的深远影响,增强民族自豪感。

（二）学情分析

学生课前对造纸术有一定的了解,但不够全面深入;学生通过预习能自主理解文章的内容,但对整理资料所需的学习工具比较陌生。

（三）学习目标

（1）正确、流利地朗读课文,利用归类识字的方法认识"创"等九个生字,利用结合语境和字义的方法读准"累"等四个多音字,利用口诀写"洲"字。（记忆、理解）

（2）学习利用时间轴梳理关键信息的方法,了解纸的发明过程。学习利用流程图补充关键词的方式,梳理蔡伦改进造纸术的过程。（理解、应用、分析、思维方法）

（3）通过列图表,解释蔡伦改进的造纸术能够传承下来的原因,了解中国造纸术对人类社会进步的促进作用。（理解、应用、分析、思维方法）

（4）借助时间轴、流程图、列表格的方式,筛选整理传统文化宣讲员的汇报内容。（理解、应用、分析、思维方法）

（5）了解中国造纸术对世界文明的贡献,增强民族自豪感和文化认同感。（理解、评价）

（四）本课任务

领略科技成就,加深对传统文化的理解。

用时间轴梳理造纸方法的演变,用流程图梳理蔡伦造纸的过程,用表格对比探究"蔡伦改进的造纸方法为什么能传承下来",感知中国造纸术的先进性及其对世界文明的伟大贡献,感受中华文化的强大生命力。综合性学习中,教师引导学生运用课堂上学到的方法整理自己查阅的传统节日资料,并思考课后如何继续补充,加深对中国传统节日的了解,增强文化认同感。

（五）学习活动

▶ 情景导入

开启这个单元的时候,我们说过要举办班级传统节日宣讲大赛,通过第一课的学习,我们了解了很多节日,选出了自己感兴趣的节日。老师希望通过今天的学习你们能学会整理材料,因为资料只有整理了才能更容易被记住,才能真的学有所获。现在,就让我们继续走进中华优秀传统文化的宝库,学习《纸的发明》。

▶任务一：寻找纸的足迹

1. 两人上台游戏闯关

师：老师收集了课前预习单中出错较多的字，谁想来挑战？

教师总结：多音字很容易出错，我们可以根据句意来定音。

2. 交流多音字，教师强调在不同语境中读准"累"

3. 交流难写的字，借助口诀重点指导写好"洲"

"三点水，左弧状，三点左右右。一穿二压横中线，上下都有个半圆。"

4. 材料大揭秘

（1）认读词语：（自己读＋同位互读）。

龟甲、兽骨、青铜器、竹片、木片、帛

篾席、蚕茧、薄片、麻

树皮、麻头、稻草、破布

（2）由词到句：人们用蚕茧制作丝绵时发现，盛放蚕茧的篾席上会留下一层薄片，可用于书写。

（3）教师引导：下面老师把难读的词语放在句子中，你们还会读吗？

出示图片，介绍材料。（师生合作说）

预设：人们起初把文字刻在龟甲、兽骨和青铜器上，后来又在竹片、木片、帛上写字，这里的帛就是由白色的丝织品制成的。再后来，人们在盛放蚕茧的篾席上发现了一层薄片，篾席指的是竹篾编的席子。之后，人们又从各种麻类植物中取得了"麻"这种纤维，可以用来书写，但是太过粗糙。后来，蔡伦把树皮、麻头、稻草、破布作为原料，经过一系列的加工，最后制成了轻便又好用的纸。

【落实目标】利用课前预习及课堂检测，归类认识本课的9个生字；联系语境和字义读准四个多音字，启发学生观察辅助线，借助口诀写好"洲"；在朗读、交流中理解课文内容。

▶任务二：学会整理的方法

1. 时间轴

（1）同学们，原来纸是这样演变的，我们课后有个时间轴，大家读一下课文，看看能不能把这些词放在时间轴上？（出示课后题1）

小锦囊：找出关键词、用一句话概括。

（2）生交流，师总结：如果同学们在搜集资料时，遇到了这种时间变化非常明确的资料，我们整理材料时就可以使用时间轴。

（3）练习使用时间轴。

①整理《家乡的春节》材料的时候，用什么方式比较好？（标出时间）

② 梳理思路：同学们每个人都在课前查阅了资料，看看有没有可以用时间轴整理的材料。

教师总结：我看到很多同学手里有时间明确的材料，没有的同学课后可以适当补充这类材料。

2. 流程图

同学们，造纸术由来已久，但是有一个人改进了造纸术，对世界文化做出了巨大贡献，你们知道他是谁吗？默读选段，看看蔡伦是如何改进造纸术的？

① 圈画相关动作，想想造纸的步骤，可以给这些动作标上序号。

② 谁能借助这些与动作相关的词来讲一讲蔡伦是怎样改进造纸术的？

③ 出示完整流程图。

教师引导：同学们，请看这个流程图，你们发现这类材料的最大特点是什么？

总结：当我们制作美食或相关物品时，因为流程清晰，用上连续的动词就能帮我们记住过程，这一类材料适合用流程图做记录。

④ 找找你的材料里有没有制作美食或者其他东西的风俗习惯？

⑤ 播放视频：视频材料也是材料，想一想视频中展示了哪些流程？

3. 列表格

（1）教师引导：同学们深深地陶醉了，历经几千年，蔡伦改进的造纸术被传承下来，它为什么有这么强大的生命力？为什么其他用来书写的材料没有传承下来？请你快速浏览课文，将学习单（表2-3）补充完整。

（2）学生交流，教师总结：正是因为蔡伦造的纸轻便好用，原料容易得到，可以大量制造，价格又便宜，能满足多数人的需要，所以才被流传下来！当我们的材料里不同的事物有明显的差别，需要进行对比的时候，我们可以列个表格来整理材料。

表2-3 不同造纸方法的比较

方法	优点和缺点
蚕丝制成的帛	轻便，但价钱太贵，使用人数少，不能普及
用麻造纸	
蔡伦造纸	

（3）同一个节日有时因为地域的不同、古今的不同，习俗有很大的差别。同学们，你们再整理整理自己手中的材料，有没有与同一个节日有关，但习俗不同的材料？

（4）学生交流，互相点评。

【落实目标】学习运用时间轴、流程图、表格等学习工具整理资料，并懂得要根据材料的特点和自己的需要选择合适的工具进行整理，了解中国的造纸术对世界文明的贡献。

▶ 任务三：传统文化宣讲员

1. 教师引导

同学们，今天我们不仅了解了纸的发明过程，更重要的是学会了整理材料的方法，针对不同特点的材料，我们可以选择不同的方式来整理。

2. 小组合作

参考今天学到的方法，整理自己课前查阅的资料。

（1）我们用哪种方法整理手里的材料？

（2）讨论一下还可以怎样展示自己的成果？

（3）想一想我们还可以补充哪些资料。

特别提示——宣讲员小锦囊：

① 大家好，我们梳理了_____节的材料。

（请各小组成员根据自己选择的整理方式汇报材料）

② 我们还可以_____展示活动成果。（制作美食、朗诵节日诗歌、做手抄报……）

③ 我们打算补充_____类的资料。（视频、图片、文字……）

3. 交流展示，教师总结

【落实目标】运用学到的方法整理课前查阅的传统节日资料，同时了解还需要补充哪些资料，为传统节日宣讲做准备，进一步感受中国传统节日的魅力，增强民族自豪感。

▶ 总结收获，布置作业

（1）回看传统节日相关的材料，运用适当的学习工具进行整理。

（2）想一想：还可以怎样展示自己的研究成果。

▶ 板书设计

10. 纸的发明

洲　整理资料的方法
　　时间轴（时间明显）
　　流程图（连续动词）
　　列表格（对比方式）

《赵州桥》

（一）学习内容

《赵州桥》一文共有四个自然段。开头总体介绍了赵州桥的位置、名字、设计者、历史。中间两段通过采用总分结构介绍了赵州桥雄伟、坚固、美观的特点，并点明赵州桥的设计是建桥史上的创举。结尾总结赵州桥是劳动人民智慧和才干的体现，是我国宝贵的历史文化遗产。

（二）学情分析

学生能通过预习大致了解课文内容，部分学生读不懂石桥的设计部分，对"创举"一词的理解不深入；怎样借助几个词语介绍赵州桥需要教师提供方法指导。

（三）学习目标

1. 认识"县、拱"等10个生字，根据意思判断多音字"爪"的读音，关注各个部件的宽窄将"慧"写美观，正确、流利、有感情地朗读课文。（记忆、理解）

2. 抓住中心句，理解段落和文章大意，体会赵州桥雄伟、坚固、美观的特点。（理解、应用、创造、思维方法）

3. 通过理解"创举"，增强感情，学会介绍。通过感受赵州桥设计的巧妙，明确要选择印象最深刻的传统节日来介绍。借助气泡图，运用总分的结构，将传统节日介绍清楚。（理解、应用、创造、思维方法）

4. 体会古代劳动人民的智慧和才干，激发学生的民族自尊心和自豪感。（理解、评价）

（四）本课任务

感受建筑设计的智慧，加深对传统文化的理解。

本课学习中，学生通过探究关键词"创举"的意思，感受赵州桥为什么世界闻名。教师引导学生关注中心句和过渡句，发现段落结构的特点，学习用气泡图这一学习工具将一个意思表达清楚，感受赵州桥设计的巧妙，体会劳动人民的智慧，增强民族自豪感。综合性学习方面，教师引导学生运用课堂上学习的"选择印象深刻的内容讲""借助气泡图把印象深刻的内容讲清楚"等方法，尝试宣讲自己查阅的资料，丰实文化积淀，加深文化理解，为成果展示做准备。

（五）学习活动

▶ 情境导入

同学们，在前两课的学习中，我们围绕"传统节日"开展了学习活动，学习了借助表格、流程图和时间轴整理搜集的材料。这节课，就让我们化身"班级传统节日宣讲大赛"的"小宣讲员"，运用整理好的材料，宣讲中华民族悠久的历史文化。要想宣讲好，先来一起了解我国的宝贵历史文化遗产——赵州桥。相信今天的学习对你学习如何宣讲一定有帮助!

▶任务一:古桥档案我了解

1. 同桌互学,交流表格

课前,大家借助"古桥档案卡"整理了赵州桥的相关资料,同桌交流一下吧!

2. 读准字词,判断多音字,强调"爪"的读音

教师总结:根据意思就能判断多音字的读音。

3. 正确、美观地书写生字"慧"

上中下结构,三部分要紧凑,写得扁而宽。

【落实目标】根据意思判断多音字的读音;关注部件的宽窄把"慧"写美观;结合课前调研和课堂交流情况,解决易错字词。

▶任务二:近观桥梁来解密

1. 自由读课文,边读边思考

思考哪些句子能帮助我们把赵州桥的特点介绍清楚?

教师总结:作者抓住中心句一下子就把赵州桥的特点介绍清楚了。

2. 谈了解,感受雄伟

教师引导:说到赵州桥的雄伟,你都想到了什么?

3. 悟创举,体会自豪

(1)可作者为什么花了更多的笔墨去写桥的设计呢?

(2)让我们满怀自豪,齐读课文。

教师总结:在宣讲传统节日时,自信自豪地表达也会更吸引人。

4. 选材料,把印象深刻的内容讲清楚

(1)在你们整理的传统节日资料中,哪部分是你印象最深刻的?

(2)学生讨论,发现总分结构。

(3)圈画句子,感受美观。

教师引导:作者都介绍了哪些样子的龙?默读课文,把它们圈出来。

(4)图文对应,讲美观。

① 你能对照文中的句子找到相应的图案吗?拿出学习单连一连,再用自己的话讲一讲。

② 哪位同学上台连一连,讲一讲?

③ 借助图片,我们一起来介绍。

教师总结:宣讲时,我们可以借助气泡图,运用总分的结构,把印象深刻的内容讲清楚。

【落实目标】关注中心句和过渡句,利用总分结构感受赵州桥雄伟、坚固、美观的特点,理解文章意思;采用图文对照的方法把文中自己印象深刻的部分讲清楚,学习使用气泡图介绍赵州桥,感受历史文化遗产的魅力,增强民族自豪感。

▶ 任务三:传统节日我会讲

(1)上节课,大家整理了传统节日的相关资料,请你从中选择印象最深刻的或最感兴趣的内容详细说一说。

(2)合作填写气泡图,借助总分结构,继续补充气泡。

老师建议大家回想一下自己家过节的过程,大家的亲身经历往往是最特别、最有意思的。大家可以使用上节课学的导图来简单记录。大家也可以讨论一下,在最终的班级宣讲赛中,你们打算如何展示? 增加哪些内容会更吸引人?

(3)小组分工,人人参与,借助"星级宣讲员评价表",争做五星宣讲员。

(4)小组宣讲,其他同学对照五星宣讲员标准进行评价。

教师总结:其实,我国还有许多像"赵州桥"一样宝贵的历史文化遗产,还有像"纸的发明"一样重要的科技成就,课下试着用上这几节课学到的整理材料和宣讲的方法,成为中华民族优秀文化的传扬者!

【落实目标】尝试运用本课学到的"运用气泡图宣讲材料"的方法,整理自己课前查阅的节日材料,进一步增强对中华传统文化的理解和认同,为综合性学习成果展示做准备。

▶ 布置作业

基础类:用上"世界闻名""雄伟""创举""美观"这四个词语,向家人介绍赵州桥。

拓展类:运用气泡图继续整理传统节日相关材料,尝试讲一讲其他印象深刻的方面。

提升类:我国古代取得过像"纸的发明"一样重要的科技成就,留下了像"赵州桥"一样宝贵的历史文化遗产,试着使用学到的整理材料和宣讲的方法,向身边的人介绍。

▶ 板书设计

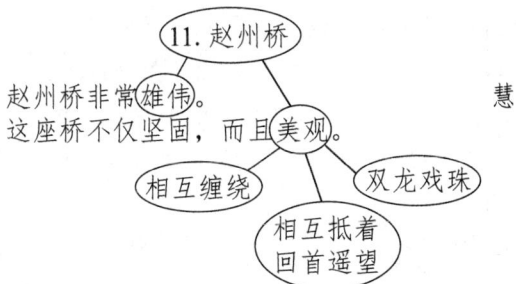

宣讲方法
印象深刻　选一选
总分结构　讲清楚
自信自豪　讲生动

案例 2　逆向设计大单元教学策略——以四年级下册第七单元为例

"三序合一"教学法的正向设计充分尊重和顺应学生的学习认知规律,通过顺应学生学习的"认知建构序"引领教师站在学生的视角分析学习过程,确定"怎么教"。而逆向设计则有趣得多,将教师日常习惯的做法进行"翻转",要求教师作为设计者在开始的时候就要详细阐明预期结果,即学习优先次序,并根据学习目标要求或暗含的表现性行为来设计课程。

《追求理解的教学设计》一书提出:"逆向设计是设计课程或单元的过程,在设计开始时就已经在脑海里清楚其结果,并且为了达到该结果而进行设计。"在双减背景下,我们更要不断提高课堂学习效率,所以"以终为始"的逆向设计教学理念似乎更符合当下的学习环境。

一、核心知识序

根据三序合一理念要求,要通过课标分析、教材纵横定位以及学情调研等活动,找准学生学习的起点,确定单元大概念,确定教学目标,明确规划本单元的预期结果。然后,收集学生真正学会了的证据。最后,教学目标在前,孩子学会的证据在后,根据二者倒推教学过程。因此,核心知识序的建立是基础。

在四年级下学期第七单元的语文教研中,于晓老师和袁璐老师在教《"诺曼底号"遇难记》和《黄继光》两篇课文时,首先一起站在单元整体的角度,对核心知识序进行了梳理,主要从以下三个方面展开。

(一)宏观看课标

根据《义务教育语文课程标准(2022年版)》,本单元可以紧抓"文化自信"这一核心素养,引导学生了解和借鉴人类优秀文明成果,鼓励人们向上向善,继承和发扬人类美好品质。本单元围绕人文主题"美好品质"来组织学习内容,旨在让学生通过阅读表现人物"美好品质"的古诗文和现代文,对古今中外的伟大人物产生敬佩之情,以激励自身的精神成长,进而更好地落实《义务教育语文课程标准(2022年版)》中文化自信核心素养的要求,增强文化自信。

本单元编排了四篇课文,分别是精读课文《古诗三首》《黄继光》《"诺曼底"号遇难记》和略读课文《挑山工》。选编这一组课文,不仅是通过人文教育来落实成长目标,增强文化自信,更是要借文本中的人和事来落实具体的阅读训练要素——"从人物的语言、动作等描写中感受人物的品质"和写作训练要素——"学习从多个方面写出人物的特点"。

《义务教育语文课程标准(2022年版)》强调了文化自信素养中"感受积

累"能力的重要性,并分学段对其提出了明确的要求。

"阅读浅近的童话、寓言、故事,向往美好的情境,关心自然和生命,对感兴趣的人物和事件有自己的感受和想法,并乐于与他人交流。诵读……,获得初步的情感体验,感受语言的优美。" ——第一学段【阅读与鉴赏】目标

"能复述叙事性作品的大意,初步感受作品中生动的形象和优美的语言,关心作品中人物的命运和喜怒哀乐,与他人交流自己的阅读感受……" ——第二学段【阅读与鉴赏】目标

"阅读叙事性作品,了解事件梗概,能简单描述印象最深的场景、人物、细节,说出自己的喜爱、憎恶、崇敬、向往、同情等感受……受到优秀作品的感染和激励,向往和追求美好的理想。" ——第三学段【阅读与鉴赏】目标

在课程内容上,本单元属于"文学阅读与创意表达"学习任务群,这一学习任务群也对不同学段的"学习内容"提出了明确要求。

"阅读并学习讲述革命领袖、革命英雄、爱国志士的童年故事,表达敬仰之情和向他们学习的愿望。" ——第一学段(1～2年级)

"阅读并讲述革命故事、爱国故事、历史人物故事,感受幸福生活来之不易,表达自己对美好生活的向往,以及对革命英雄、仁人志士的崇敬之情。"

——第二学段(3～4年级)

"阅读、欣赏……感受革命领袖、革命先烈伟大的精神世界和人格力量,认识生命的价值;运用讲述、评析等方式,交流自己的情感体验。"

——第三学段(5～6年级)

《义务教育语文课程标准(2022年版)》的"教学提示"也指出,"围绕多样的学习主题创设阅读情境……在主题情境中,开展文学阅读和创意表达活动,引导学生感受文学之美,表达自己的独特感受,促进学生的精神成长"。同时,《义务教育语文课程标准(2022年版)》还指出,"评价应围绕学生阅读文学作品的过程性表现进行"。

根据此学习任务群的定位、要求及教学提示,结合本单元的解读,我们可以得出:无论是在阅读中体会各个时代、各行各业人物的品质,还是在习作中学会介绍、评价自己,都要以人物形象为核心。因此,本单元可以尝试以"塑造人物'画像'"为学习主题,引导学生在文学阅读与表达中感受文学语言和人物形象的独特魅力。本单元的目标指向提升学生的语言建构能力,指向培育"语言运用＋文化自信"核心素养。

（二）纵横看定位

中观层面,我们要从纵向统览全套教材。单元围绕人文主题"美好品质"

来组织学习内容,本单元的阅读训练要素为"从人物的语言、动作等描写中感受人物的品质",写作训练要素为"学习从多个方面写出人物的特点"。

关于学习如何"通过多种描写来体会人物形象(心情、内心、品质)"这一阅读训练要素,统编版语文教材根据小学中高年级学生的身心发展规律,设计了螺旋上升的学习内容,如表 2-4 所示。

表 2-4　统编版语文教材小学中高年级阅读训练要素

册次	单元	阅读训练要素
四上	第六单元　童年生活	通过人物的动作、语言、神态体会人物的心情
四下	第七单元　美好品质	从人物的语言、动作等描写中感受人物的品质
五下	第四单元　家国情怀	通过课文中动作、语言、神态描写,体会人物的内心
五下	第五单元　习作单元	学习描写人物的基本方法
六下	第四单元　革命理想	阅读时,关注神态、言行的描写,体会人物品质

本单元的阅读训练要素是对四年级上册第六单元阅读训练要素"通过人物的动作、语言、神态体会人物的心情"的发展提升,又是对五年级下册第四单元阅读训练要素"通过课文中动作、语言、神态的描写,体会人物的内心"的承接。通过纵向梳理,我们发现各单元对应的阅读训练要素,有"心情""内心""品质""方法"几个不同方面的要求。对照所编排的课文及课后题,可发现其内在联系及程度变化。

四年级上册第六单元的阅读训练要素为"通过人物的动作、语言、神态体会人物的心情"。这要求学生能找到文中的动作、语言、神态描写,体会人物的心情即可,此时不必提及写作方法。

四年级下册第七单元的阅读训练要素为"从人物的语言、动作等描写中感受人物的品质"。语文园地"识字加油站"提供了词语,并提示可以用来"描述人的品格心情"——从感性地体会人物心情,发展为能理性地概括人物的品格,并借助相关词语来描述。

五年级下册第四单元的阅读训练要素为"通过课文中动作、语言、神态描写,体会人物的内心"。这要求学生要结合相关语句体会人物的心情变化、心理活动、内心世界,甚至以人物的身份来讲故事,需要进行比较高级、抽象的思维活动。学生要在之后的习作单元中学习描写人物的基本方法,抽离出写法并迁移运用到自己的文字表达中。

六年级下册第四单元的阅读训练要素为"阅读时,关注神态、言行的描写,体会人物品质"。这要求学生不仅要聚焦具体的动作、语言描写,还要整体兼顾人物的外貌、神态等方面的描写,来体会人物的品质。

通过梳理,我们发现学生在小学中年级已经学习了利用"抓关键词句""做批注""想象画面""多元朗读"等来体会人物的心情、了解人物内心、分析品质的基本方法。因此,本单元的教学侧重于引导学生发现人物的品质是如何通过人物的言行表现出来的,起到承上启下的作用。本单元的教学重点是引导学生结合资料,更深入地理解课文内容,体会课文的思想感情。

从横向来看,本单元的知识点是横向关联的,课文的讲解要步步落实。

第一,概括课文的主要内容,四年级上册第四单元学习了按照事情发展的顺序概括主要内容,因此《黄继光》一课在概括主要内容时牵连旧知,由原来已知的按事情发展的顺序概括,到《"诺曼底"号遇难记》使用扩充题目的方法简练概括。

第二,抓词、抓句,谈体会。学习《黄继光》一课时,教师引导学生静心默读、抓关键词句、提取信息,引导学生充分交流,感受黄继光英勇无畏、视死如归的英雄品质。学习《"诺曼底"号遇难记》时,教师引导学生通过哈尔威船长的语言描写体会船长临危不惧、忠于职守、舍己为人的品质。

第三,对于大单元人文要素"致敬英雄",学生通过对国内抗战英雄、国外哈尔威船长以及挑山工的了解,感受到英雄离我们并不远,他们都是平凡的人,也有血有肉,但他们都愿意为了他人奉献自己。

(三)重点看单元

1. 人文主题

本单元以"人物品质"为主题,编排了《古诗三首》《"诺曼底号"遇难记》《黄继光》《挑山工》四篇课文,从不同方面展现了人们的精神追求和高尚品格。《古诗三首》表现了诗人的精神追求以及戍边将士的英勇威武;《"诺曼底号"遇难记》歌颂了哈尔威船长忠于职守、舍己救人的崇高品质;《黄继光》展现了抗美援朝特级英雄黄继光的英勇气概;《挑山工》表现了普通劳动者认准目标、脚踏实地、坚持不懈的精神。

2. 语文要素

本单元的语文要素是"从人物的语言、动作等描写中感受人物的品质",旨在引导学生仔细研读文本,发现人物的品质是如何通过人物的言行表现出来的,并能够受到人物品格的感染。四年级上册学习了"通过人物的动作、语言、神态体会人物的心情"的方法,侧重情感的体会。本单元则侧重人物品质的感受:《"诺曼底号"遇难记》是法国作家雨果的短篇小说,本课旨在引导学生借助课后习题学习"从人物的语言、动作等描写中感受人物的品质"的方法;学习

《黄继光》《挑山工》这两篇略读课文时,要借助阅读提示迁移运用"从人物的语言、动作等描写中感受人物的品质"的方法;最后借助"语文园地"中"交流平台"的举例说明的方式,总结如何从语言和动作描写中感受人物品质,梳理方法。从"学习"到"运用"再到"梳理",学生的学习逐步深入。

四篇课文有共性特点,即都需要从具体事例和人物的言行中感受人物品质,为落实单元语文要素提供有效的载体;四篇课文也各有独特性,即人物所处的年代、背景及职业等各不相同,教师要有统整意识,在整体感受中提升学生对"品质"的理解。

3. 习作要求

第二个语文要素是"学习从多个方面写出人物的特点"。这是本单元的习作要求,旨在帮助学生学会从多个方面介绍自己。三年级下册已经有"写一个身边的人,尝试写出他的特点"的练习,本次习作进一步提高要求,学习从多个方面写出自己的特点,既包括外貌、主要性格、最大的爱好和特长等方面,并且以"写得像"作为评价标准,也包括具体事例中动作、语言等多方面的描写,并引导学生听取家人意见,根据评价进一步修改习作。这与单元中几篇课文和口语交际的学习相连贯,形成了一条从阅读到表达的通路。

4. 单元目标

经过以上分析,为体现课程内部关联知识能力的承递性、渐进性、发展性,我们遵循由浅入深、由表及里内化语文要素的原则,制定了本单元的学习目标及任务主题。

(1)能在单元"英雄故事分享会"学习主题中积累与运用本单元的生字、词语。

(2)能正确、流利、有感情地朗读单元课文,背诵《古诗三首》,默写《芙蓉楼送辛渐》。

(3)能在单元学习活动中,从人物的语言、动作等描写中了解人物的特点,感受人物的品质,增强文化自信。

(4)能学会自我介绍,能根据不同的对象和目的调整自我介绍的内容,并能在分享过程中,认真听取他人的意见,完善自己的介绍。

(5)能借助"致敬英雄"手抄报,从外貌、主要性格、最大的爱好和特长等方面写出自己的特点,并能用具体的事例说明。

二、认知建构序

单元目标的拟定和单元学习内容的确立,为本单元规划了预期结果。从逆向设计的理念来看,最好的教学不应只是对学习内容的覆盖,还要根据预期学习效果设计最合适的体验、任务和评估。在明确核心知识序的基础上,教师可以根据对单元的分析,将单元学习内容进行拆分与有机整合,明确知识学习的优先次序,以形成逻辑自洽的认知建构序。因此,本单元的教学将根据"三序合一"教学法下逆向设计的路径展开,设计学习路径。前面已经具体阐述过"三序合一"教学法下逆向设计的教学路径(图2-6),在这里不过多赘述。

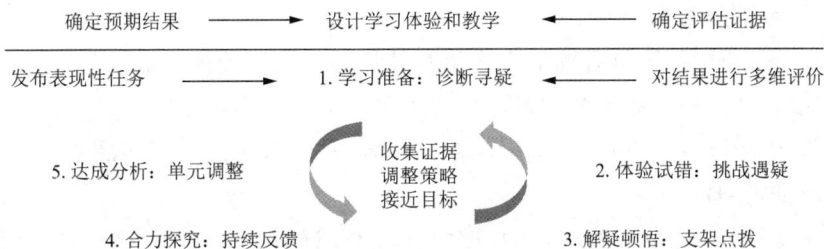

确定预期结果 ———→ 设计学习体验和教学 ←——— 确定评估证据

发布表现性任务   1. 学习准备:诊断寻疑   对结果进行多维评价

5. 达成分析:单元调整   收集证据 调整策略 接近目标   2. 体验试错:挑战遇疑

4. 合力探究:持续反馈   3. 解疑顿悟:支架点拨

图2-6 "三序合一"教学法下逆向设计的教学路径

《义务教育语文课程标准(2022年版)》印发以来,给我们冲击最大的是几次市区命题,学生在做题时出现答题速度慢、运用不灵活等情况。分析题目本身,发现考察的语文要素没变,但是试卷给了情境,换了题型,阅读量上去了,不再就题考题了,而是要求学生在给定的情境里灵活运用所学的知识。这就暴露了一些学生灵活度、解决问题的能力不够的问题。

然而,命题是评价,撬动的是学习方式,变革的是教师教学。学生之所以会产生不适,可能是教师的认识和做法不到位,导致学生缺少锻炼机会。"教学评一体化"是落实核心素养培养目标、提高教育教学质量、促进评价改革的一项明确且强有力的举措。教师对《义务教育语文课程标准(2022年版)》的理解,对教学材料、教学目标、教学内容、教学和评价方式的把握,是决定学生体验什么样的课程的最重要的环节,而推动"教学评一体化"设计是确保教师的教学目标、学生的学习活动和学生的学习成效实现高度一致的关键。

在"三序合一"的理念下,教师应让学生成为学习的主人,学生只有亲身经历过了,深度研究过了,动手动脑参与了,才有可能把知识转化为能力,转化为素养,才能应对这样的考试。为让学生更好地应对新的命题方式、新的评价方式,教师应该在课堂教学中有所转变,在区域教研的引领下努力探索的大单元、大概念、大任务就是转变的抓手或者路径。

因此,教师可以根据"命题"逆向思考学生的学习任务。接下来,我们以四年级下册第七单元为例,为大家解读本单元以命题为核心的逆向设计理念指导下的单元整体教学路径落实过程。

▶ 阶段一:确定预期目标,发布表现性任务

依据本单元所确定的目标,预期学生:

将会知道(K)——

① 人物的语言、动作等描写可以突出人物品质。

② 可以根据人物不同的品质和特点确定和选择相应的事迹。

将会理解(U)——

① 各个时代、各行各业的人物都有独特的品质和精神追求。

② 英雄人物的品质和精神可以带来强大的精神力量。

③ 结合资料,能更深入地理解课文内容,体会人物的特点和品质。

将能够(D)——

① 根据不同的对象和目的,调整自我介绍的内容,并能在分享的过程中,认真听取他人的意见,完善自己的介绍。

② 从外貌、主要性格、最大的爱好和特长等方面写出自己的特点,并能结合具体的事例说明。

本单元的语义要素非常明确,可以将其作为本单元目标中非常重要的两个部分。基于以上分析,我们可以确定两个重点单元学习目标。

(1)从人物的语言、动作等描写中感受人物的品质。

(2)学习从多个方面写出人物的特点。

梳理了学生在本单元学习中应该达成的目标,我们可以思考以下问题:如何逐步引导学生感受人物的品质?如何引导学生关注人物语言、动作描写的句子?如何在之前学习的基础上引导学生去感受更深层次的人物品质?针对第二个目标,在读写一致的要求下,每一课怎么分步骤触发学生的想法?

《追求理解的教学设计》提出,"在阶段一时我们要思考教学目标,查看已发布的内容标准,检验课程预期结果。通常要传授的内容比我们在有限时间能够讲授的内容要多得多,所以我们必须做出选择。设计流程的第一阶段需要明确学习内容的优先次序"。

通过对"核心知识序"进行分析,通过对单元进行纵横解读,以及对课后题进行研究,我们确定了本单元的目标。

(1)能在单元"英雄故事分享会"学习主题中积累与运用本单元的生字、词语。

(2)能正确、流利、有感情地朗读单元课文,背诵《古诗三首》,默写《芙蓉楼送辛渐》。

(3)能在单元学习活动中,从人物的语言、动作等描写中了解人物的特点,

感受人物的品质,增强文化自信。

（4）能学会自我介绍,能根据不同的对象和目的调整自我介绍的内容,并能在分享过程中,认真听取他人的意见,完善自己的介绍。

（5）能借助"致敬英雄"手抄报,从外貌、主要性格、最大的爱好和特长等方面写出自己的特点,并能用具体的事例说明。

从结果逆向推导本单元基本问题的设计,如"人物给你留下了怎样的印象?""哪个句子最打动你,为什么?""如果选择一幅插图,你最想选择哪一幅?为什么?""哪个场景最打动你?为什么?"……利用提问引起学生对单元学习内容和重点要素的关注。

有了目标与预期的结果,就可以根据理解和目标创设主情境、构建单元学习主任务。为了让学生对学习充满期待,教师可以结合学生当下的兴趣,尝试以"塑造人物'画像'"为学习主题。市统考试卷活动二"编排手抄报"给我们的启发最大,这部分从版面设计到内容,再到制作手抄报贴士,层层递进,不仅考查了学生品词析句的相关语文要素,还考察了学生在真实情境中完成"编排手抄报"任务的解决问题的能力。

最终,我们将学习任务确定为"开展英雄故事分享会",将学习情境创设为"完成英雄人物手抄报",引导学生在文学阅读与表达中感受文学语言和人物形象的独特魅力,让语文要素落地。

▶ 阶段二:确定评估证据,进行多维评价

有了单元目标和预期的结果,第二阶段需要根据理解和目标设定评估任务。我们要"像评估员一样思考",进行逆向设计,思考如何确定学生已经达到了预期的理解。我们可以思考以下问题:达到目标的证据有哪些?课堂中指向、构成评估的表现性行为是什么样的?只有回答了这些问题,我们才有可能推导出合适的教学和学习体验,从而使学生完成学习任务,达成目标。首先,我们可以创设表现性任务情境吸引学生的兴趣,为其带来积极的参与体验。起初,我们想到了故事分享会。

故事分享会还比较宽泛,如何更直观地体现学生的学习过程呢?在市统考试卷命题的启发下,我们确定了"致敬英雄手抄报"这一评价手段。学生可以把宣讲中需要的英雄事迹、打动自己的瞬间、自己的感受写在手抄报上。学生在后续的宣讲中,就可以拿着手抄报展开宣讲。比如学习《黄继光》这一课时,学生可以制作关于黄继光这位英雄的手抄报。对于手抄报,学生并不陌生,但是如何完成?怎样完成?这里面是有学问的。在本单元几篇课文的学习过程中,我们围绕"完成英雄人物手抄报"这一大的情境任务展开学习。手抄报的制作工程贯穿整个教学过程中。手抄报既是任务,也是学生学习的支架。每个教学环节都对应着具体的情境任务(四个板块对应四个任务),让学生的学习真实发生。

在学完了所有课文之后,学生便可以借助手抄报的各个板块(图2-7),回顾方法,复述故事。

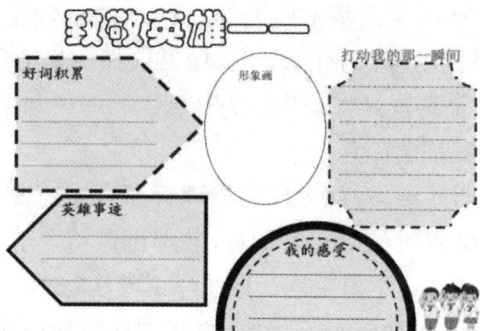

图2-7 "致敬英雄"手抄报模板

其中,给手抄报配图这一任务与"哪个场景最打动你?"这一问题相关联。在交流汇报中,学生可以说一说打动自己的那幅图、那句话,畅谈感受。然后借助配乐朗读、资料补充,进一步感悟课文中动作描写、环境描写所体现出的黄继光等人英勇无畏、视死如归的品质。就这样,学生既完成了手抄报的配图,又学习了如何体会人物品质。

基于以上探索,我们总结了三点经验。

第一,研究命题导教学——进行命题逆向设计时,我们可以将大型命题中启发性的、真实可用的情境任务作为课堂教学的情境任务。通俗点说,我们可以将质量好的试卷试题灵活用在课堂上,学生见得多了,自然不怕这样新颖的试题。

第二,自始至终做任务——在构建大任务群时,既要关注语文要素的纵向变化,也要关注横向关联,更重要的是要始终把学生放在中心位置,这样才能设计真实有效的情境、恰当的支架,让学生的学习真实发生。

▶阶段三:设计学习体验与教学环节,收集证据指向目标

有了目标和预期结果,确定了以命题为核心的逆向设计理念指导下的单元整体教学过程,接下来就可以大胆地实践了。《追求理解的教学设计》提出:"真正的目标不是教,而是引发学。反馈可以改善每一个人的表现。"设计学习体验与教学环节时,我们要不断设想学生每个学习阶段的表现,实施精准的教学策略,收集学生学会的证据,进行有效反馈与调整,不断接近最终的目标。

当然,单篇课文与任务群学习情境要保持相对统一,这样既能保证任务群学习的完整性,又能让任务群有一以贯之的驱动性。也就是说,本单元的课文学习以手抄报为主线,从手抄报包含哪些板块入手,比如,概括内容、感受品质,摘抄相关词句、语段,选择插图等,将制作手抄报贯穿课堂始终。单篇课文学习中的每一个环节,都是为了解决手抄报中的某一板块,整堂课结束,手抄报也制作完成。

前面,我们明确了逆向设计的教学路径,即学习准备、体验试错、解疑顿悟、合力探究、达成分析(图2-6)。下面,我们就具体介绍一下是如何在本单元每篇课文的学习中一步步设计学习体验与教学,收集证据指向目标,推进落实语文要素,以及渗透文化自信这一核心素养的。

第一步——学习准备:诊断寻疑。

围绕单元学习目标进行单元预习,并在每课学习前布置预习任务,让学生借助之前学习的概括文章主要内容的方法对文章内容(英雄人物的事迹)进行简要概括,为后面英雄故事分享会收集资料。

第二步——体验试错:挑战遇疑。

贯彻读写结合的教学理念,落实读写一致,打通阅读与写作的壁垒,让制作手抄报这一任务主线贯穿课堂教学的始终。四年级学生对小说类课文很感兴趣,而且学生对黄继光比较熟悉。因此,在本单元的教学中,我们将《黄继光》这一课调整为第一篇新授课文。

在学习《黄继光》时,我们将引导学生细读文本,初步感知从人物的语言、动作等描写中感受人物品质的方法,在语言运用中增强文化自信,为学生参加"英雄故事分享会"搭建支架。

《黄继光》是一篇略读课文,课文渲染了激烈、残酷的战斗场面,衬托出黄继光为了战斗的胜利,把个人的生死置之度外的革命英雄主义气概;同时,生动描写了黄继光在战斗中的言行,他主动请缨时说的话,在枪林弹雨中匍匐前进,舍身堵枪口的壮举,具有撼人心魄的力量。四年级的学生不仅了解了许多英雄人物事迹,而且在阅读、理解、独立思考等方面的能力都有一定的提升。但故事发生的年代与现在相距甚远,因此若以一般的"读故事—说故事—思考故事"的教学步骤上课,不能取得良好的教学效果,因此在课堂上创设情境必不可少。

其中,在学习感悟人物品质这一要素时,学生最初只关注句子本身。因为战争发生的年代离学生比较远,学生很难切身感悟到黄继光身上的英雄品质。

因此,在阅读过程中,教师需要引领学生进行有层次的阅读,尽量留出空间,让学生自主学习,并注意鼓励学生进行创新性的理解和表达。引导学生重点体会课文里描写黄继光动作的词句,如用尽、爬、站起来、举起、晕倒、站起来、张开、扑、堵等词语,体会黄继光顽强战斗,宁愿牺牲自己也要完成任务的大无畏英雄气概。同时,教师引导学生为手抄报配图并谈谈最打动自己的瞬间和自己的感受,引导学生通过抓词抓句谈感受的方法体会黄继光英勇无畏的品质。在这一过程中,学生逐渐掌握心中有内容、重点部分讲细致、融入自己的感受这一英雄故事分享会的讲述方法,为学生学习搭建支架。

第三步——解疑顿悟:支架点拨。

第一课时中,教师给学生提供学习支架,把给手抄报配图这一任务与最打动自己的那个场景相关联,学生畅谈感受,在交流汇报中,说一说打动自己的那幅图、那句话。然后借助配乐朗读、资料补充,进一步感悟课文中的动作描写、环境描写及其所体现出的黄继光的英勇无畏、视死如归的品质。这样,学生既完成了手抄报的配图,又学习了如何体会人物品质。

接下来,学习《"诺曼底号"遇难记》一课是对《黄继光》一课所学知识和技能的提升与运用,基于单元的学习任务群理念和手抄报、英雄故事分享会的任务情境贯穿课堂始终。本课从致敬英雄、概括英雄事迹开始,让学生整体把握课文大意,然后分别从人们的表现、船长的表现两个方面开展学习活动。在手抄报"摘抄"板块引导学生积极思考、主动参与课堂,从"巍然地立"和"纹丝不动"等词中,体会船长镇定自若、视死如归的精神。此外,品味船长形象时承接《黄继光》一课中选图片的方式,理解课本插图比例失调背后蕴含的内涵,结合课文插图,体会船长的形象。为手抄报选配图,教师引导学生选择最打动自己的部分,进一步升华船长的英雄形象。整个学习过程在做手抄报的任务情境下展开,潜移默化地培养了学生的语用意识,深刻落实了在语言运用的基础上,在学生个体语言经验发展过程中提升文化自信核心素养的新课程标准理念。

在此基础上,教师紧扣课后第二题,指导学生抓住描写人物言行的关键语句,进行小组交流、讨论,感受人物的品质,并反复朗读。最后,结合哈尔威船长的英雄壮举,引导学生移情体验,谈谈对生命的体会,感悟小说的主旨。教师引导学生从抓对比、抓对话、抓动作三个方面体会人物品质,理解文章主旨,增强文化自信。

在这一过程中,我们品读《"诺曼底号"遇难记》,进行学法迁移,巩固学法认知,体会人物品质,熟练运用手抄报这一抓手进行"英雄故事分享会"的准备,增强文化自信。

第四步——合力探究:持续反馈。

按照前两篇课文的学法,各学习小组合作学习,进一步查阅相关英雄人物的资料,感受不同时代、不同行业英雄人物的伟大精神和美好品质。

拓展作业可布置为:生命如此重要,但为了别人奉献自己的生命,就显得更为可贵。因为这些人具有这样伟大的品格,所以我们称他们为"英雄"。在生活中还有哪些为了别人牺牲自己的平凡英雄呢?请以小组为单位继续寻找平凡英雄,为他们再做一张手抄报,并在"英雄故事分享会"上进行介绍。

在学习后面几篇课文时,教师也可以让学生自主学习,学生可以分成学习小组,合作学习,开展小组领学活动,关注人物的语言、动作描写,感悟人物品质,体会人物特点。

比如,《古诗三首》表现了诗人的志向和精神品格,教师可以引导学生以朗读为主,感受其精神品格。同时,运用多种方法,拉近学生与诗人的距离,使学生能更好地体会诗句中表现的精神品质。

《挑山工》是本单元的第二篇略读课文,教师可以结合学习提示中的两个问题,引导学生运用前两课学到的方法自主阅读。引导学生聚焦挑山工的语言,联系上下文,自主体悟其中蕴含的哲理,并与同学交流。

在"词句段运用"板块,学生积累古人读书求学的故事,体会故事含义。在"日积月累"板块,学生理解名言警句,感悟中国传统文化的魅力。这些都为学生小组了解英雄人物提供了资源和参考,都可以引导学生查找资料,增进认识,增强文化自信。"语文园地"的学习可以使学生对本单元的语文综合素养有进一步的认识。

第五步——达成分析:单元调整。

教师一定要有单元统整意识,整个单元的学习并不是死板地按照一课接一课,一个板块接一个板块依次推进的,教师可以根据教学和学生学习的需要进行调整,在学习任务情境中螺旋式推进学习内容,让学生在学习的基础上进行迁移运用,体会英雄人物的伟大精神和美好品质,在语言运用的基础上增强文化自信。

在本单元学习中,《黄继光》一课中黄继光第二次站起来的连续动作描写非常生动传神。我们就把语文园地中词句段运用的相关内容前置,引导学生交流表现人物品质的不同的方式。在"识字加油站"板块,引导学生读准描写人物品质、心情的词语。这样,学生在学习的基础上进行迁移运用,想象画面,练笔拓展。学完所有内容后,学生再来练习讲英雄故事就游刃有余了。

学生自主交流修改手抄报内容后可以选择自己最喜欢的英雄人物参加"英雄故事分享会"。在举办故事分享会时,教师可以引导学生关注突出品质的句子,还可以创造性地模仿英雄人物进行自我介绍,这就可以将口语交际"自我介绍"内容进一步融合,引导学生学会在不同的情境下进行自我介绍,将阅读与习作成果以读、写、看的形式进行分享。

最后,在习作"我的'自画像'"中,教师要引导学生回忆本单元的课文是如何表现人物特点的,有哪些方法,从而让学生认识到:动作、语言、神态、外貌等多种描写方法都是可以表现人物特点的。

综上,我们可以看出,"三序合一"认知建构序逆向设计的教学路径就是根据命题或其他角度确定预期结果,在成果多维评价的过程中设计和关注学生学习准备、体验试错、解疑顿悟、合力探究、达成分析的解构过程,让学生进行深度学习。

三、学习活动序

"三序合一"教学法理念下,教师通过核心知识序对学习内容进行解读,找准学生的学习起点,明确单元学习的目标。教师通过认知建构序推动学生学习,理清认知发生的步骤。而最终要实现学生核心素养的提升,还要将二者落实到课堂的学习活动中,依托课程活动完成学习任务。

在本单元中,教师可以举办"英雄故事分享会",引导学生借助"致敬英雄"手抄报模板进行阅读梳理、朗读感悟和交流分享,在活动中达成学习目标。我们可以开展以下活动(图2-8)。

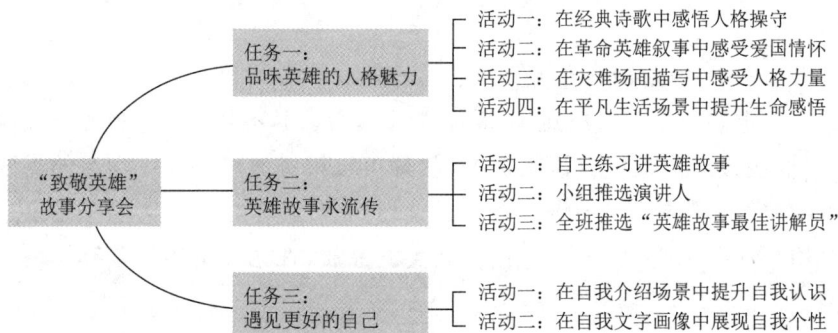

图2-8 "致敬英雄"故事分享会活动群

四年级下册第七单元具体教学实施

《黄继光》

(一)学习内容

《黄继光》是一篇略读课文,课文渲染了激烈、残酷的战斗场面,体现了黄继光为了战斗的胜利,把个人的生死置之度外的革命英雄主义气概。课文通过动作描写,突出了黄继光顽强战斗,宁愿牺牲自己,也要完成任务的大无畏英雄气概。

(二)学情分析

学生在中年级已经学过体会心情、了解内心、分析品质的基本方法,本单元的教学重点是引导学生结合资料,更深入地理解课文内容,体会课文的思想感情。

(三)学习目标

(1)通过课前预习,认识"役、屡"等六个生字,借助给旧字换偏旁的方法,学习"爆",在语句中读准多音字"晕"。(记忆)

(2)以"英雄故事分享会"为任务情境,抓住描写黄继光的语言、动作的相关语句,通过想象画面、情感朗读等方式,感受人物的英雄精神,完成手抄报的设计。(理解、分析、思维方法)

(3)借助资料,了解其他英雄,激发爱国情怀。(应用、创造、思维方法)

(四)本课任务

细读文本,通过手抄报评价抓手、批注等方式深耕文本,初步感知从人物的语言、动作等描写中体会人物品质的方法,在语言运用中增强文化自信,为学生参加"英雄故事分享会"搭建支架。

(五)学习活动

▶ 激趣导入,任务发布

问题1:这节课,我们要学习一个新的单元,请大家读一读单元页,说一说你即将学到什么。

过渡:大家关注到了本单元要掌握的方法……我们会认识许多有着伟大品格的人。

本单元,我们要开展"致敬英雄"的故事分享会,用手抄报展示你心目中的英雄,介绍他的故事。

问题2:想要设计这样一个手抄报,你觉得应该有哪些内容呢?

引导:将好词佳句摘抄到手抄报上也是不错的。(课件出示手抄报)你也可以按自己的喜好进行装饰。

今天我们先来认识第一位英雄。(板书课题:23 黄继光)齐读课题。

▶ 在语言中感悟形象,完成手抄报

活动1:识字挑战,积累词语

(1)射:"身"不出头。身字旁变偏旁,发生了变化。

（2）采用开火车的方式依次朗读本课需要掌握的词语。

（3）理解＂匍匐前进＂的意思，朗读积累。

活动2：朗读课文，概括内容

问题1：课前大家都预习了课文，请同学们快速朗读课文，想一想这篇课文讲了一件什么事？

（出示学习单）学生概括文章的主要内容。

引导：概括英雄事迹可以关注事情的起因、经过、结果，可以把这样的概括性内容放在手抄报的英雄事迹这一部分。

活动3：为人物配图

问题1：读完课文，黄继光给你留下了怎样的印象？

【学习目标分解】

（1）学生能抓词抓句谈感受。

（2）学生能使用之前学习的做批注的阅读方法，梳理文章内容，为更好地感受人物品质做好准备。

问题2：老师这里有四幅图，如果让你选择一幅放入你的手抄报中，你会选哪一幅呢？

【学习活动】

第一步：画句子。

第二步：圈词语。

第三步：谈感受。

第四步：选图片。

第五步：说理由。

预设：我画出的句子是：_____，我圈出的词语是：_____，从中我体会到_____，图中_____，所以我选择第____幅图，我的理由是_____。

活动4：体会短时间连续动作

（1）思考：就是这样的一个画面，作者用了这么多连续的动词来写，如果用一个词来形容这件事，你会用哪个词呢？你又感受到黄继光怎样的品质？

小结：作者抓住细节，用多个动词描写短时间内发生的事，让我们感受到黄继光伟岸的英雄形象，体会到他的英勇无畏。其实我们在习作的时候，也可以学着抓住短时间内完成的连续动作，突出人物的特点、形象。

（2）站起来意味着什么？

①哪一个动作更加打动你？（把"站起来"标红）

②文章中用了大量的笔墨描写他站了起来。站起来意味着什么？

③ 接下来,请同学们小组合作。用联系上下文、借助资料的方法思考,黄继光站起来意味着什么?

活动 5:情感渲染朗读

1. 第一层

通过大家的分享,我们认识了英勇无畏、视死如归的黄继光,被他站起来的举动深深打动,请你们把自己的理解融入这段,读一读这一部分。

2. 第二层

在枪林弹雨且身负重伤的情况下,黄继光不怕牺牲,为了完成爆破敌人火力点的任务,多么顽强,多么了不起!

3. 第三层

此时的黄继光用生命换来了任务的胜利。战士们站起来了,为黄继光报仇的声音惊天动地!(全班齐读)

"冲啊,为黄继光报仇!"喊声惊天动地。战士们像海涛一样向上冲,占领了 597.9 高地,消灭了阵地上的全部敌人。

正是因为有千千万万个像黄继光这样为国献身、把国家利益高于一切的英雄,才有了现在的和平年代,他们的精神也深深留在每个人心中。历史的接力棒交到了同学们手里,请全体起立,让我们怀着崇高的敬意,再读一读这一自然段。

同学们可以把这两句话,把这样打动人心的句子,摘抄在手抄报上。

【学习目标落实】结合配图和文字,进一步感知黄继光英勇无畏的品质。

4. 总结

学到这里,手抄报基本就完成了。我们作为中华儿女都有责任把这样的英雄故事传颂下去,讲给更多的人听。还记得四年级上学期学习的简要复述吗?你有什么讲好黄继光故事的小诀窍?

▶ 总结收获,布置作业

(1)引导:大家总结得真好,同学们,正是因为有许许多多像黄继光这样为了祖国和人民的利益奋不顾身的英雄,我们的祖国才会日益强大。借助手抄报,练习讲黄继光的故事,这是第一项作业。课后也请大家通过阅读书籍、上网查找资料等方式继续了解英雄人物的故事,为更好地开展英雄故事分享会做足知识储备!

(2)用今天学习的方法自主学习《祖国,我回来了》,将你的感受批注在旁边,完成钱学森的手抄报。

▶ 板书设计

23. 黄继光

心中有内容

重点讲细致　　　　　连续动作描写

融入自己的感受　　英勇顽强　　　视死如归

《"诺曼底号"遇难记》

（一）学习内容

《"诺曼底号"遇难记》是一篇精读课文。教师引导学生通过抓住描写人物言行的关键语句，感受哈尔威船长临危不惧、沉着果敢、舍己救人、忠于职守的崇高品质和伟大人格。

（二）学情分析

学生在小学中年级已经学过体会心情、了解内心、分析品质的基本方法，本单元的教学重点是引导学生结合资料，更深入地理解课文内容，体会课文表达的思想感情。

（三）学习目标

（1）通过预习，正确认识"弥、脉"等 13 个生字，会写"伦、腹"等 14 个生字，重点指导书写"遣"。准确朗读文章中的人名和地名。

（2）有感情地朗读课文，读好人物对话。

（3）通过对场景描写、语言描写等细节进行品读，感受哈尔威船长机智冷静、忠于职守、舍己救人的优秀品质。

（4）学生能结合哈尔威船长等英雄的壮举，说说自己对生命的体会。

（四）学习活动

▶ 任务一：回顾主题活动，引出英雄人物

同学们，学习完本单元后我们将举行"致敬英雄"故事分享会，上节课我们认识了英雄黄继光，感受到他身上具有的优秀品质，也完成了手抄报。今天我们再来认识一位外国的英雄。

活动 1：积累字词

问题 1："遣"的书写。

提醒：第一，观察一下，写正确的关键在哪里？（一竖穿起两个口）第二，怎样写美观呢？一竖穿起两个口；走之平捺写舒展，起笔要轻，捺脚要平，平捺略长，托住被包部分。

问题 2：

（1）外国文学作品中有许多外国人名与地名比较生僻。你会读吗？

（出示人名、地名）

哈尔威船长　　奥克勒福大副　　洛克机械师　　克莱芒见习水手

南安普敦　　　根西岛　　　　埃居伊山脉　　敖德萨

（2）这篇文章很长，也有不少四字词语，比较难读，谁会读？

（出示难读的词）

夜色正浓　　　烟雾弥漫　　　小心翼翼

一枚黑点　　　剖开窟窿　　　势不可当

猝然而至　　　惊恐万状　　　镇定自若

犹如铁铸　　　纹丝不动　　　沉入深渊

（3）引导学生理解运用"猝然""蓦地"两个词语的意思。

（出示：刚才还晴朗的天空，（　　　）乌云滚滚，大雨倾盆。）你的脑海中浮现出怎样的画面？

活动2：借助题目概括文章的主要内容

问题1：在分享会上，同学们需要分享英雄的事迹，也就是文章的主要内容。请同学们自由朗读课文，说说这篇文章讲了一件什么事儿？怎么能让它更简练呢？谁有好办法？

问题2：俗话说，"题目是文章的眼睛"。大家根据六要素扩展文章题目，简要概括主要内容。

▶ 任务二：在语言中感悟形象，完成手抄报

活动1：朗读感知

问题1：请同学们默读课文，用"＿＿＿"圈画出相关语句，在旁边批注自己的感受。想一想，哈尔威船长给你留下了怎样的印象？

【学习目标分解】

（1）抓词抓句谈感受，借助之前学习的做批注的阅读方法，梳理文章内容。

（2）关注人物的语言描写，感知通过语言描写突出人物特点和品质的方法。

【学习达成反馈】

所有学生都能结合批注说出自己的感受。

活动2：聚焦对话

（1）同样是摘抄，这一部分没有细致的描写，也都没有好词佳句，这部分值得摘抄吗？

（2）思考：哈尔威船长都问了些什么？

（3）随机采访。

① 提问朗读的同学，心里是怎么想的？

② 当你听到这一部分内容的时候,你心里是怎么想的?

活动3:小组合作

(1)小组合作,他为什么会说这样一段话呢?你又看到了一位怎样的哈尔威船长?

(小组合作,任务发布,课件出示)

① 借助学习单,小组合作学习。

② 选择一个小组上台讨论与展示。

(2)小组交流分享。

活动4:为手抄报中的人物配图

问题1:哈尔威船长一生都忠于职守。如果让你给手抄报配一张插图,你想配哪一幅图?

问题2:看来大家都很喜欢这幅图,大家发现了吗?这幅图的画面比例是有问题的。

(课件出示第二自然段)

(1)船这么大,却把哈尔威船长放在了前面,还画得那么大,你是怎么理解的?

(2)如果还可以给手抄报加些装饰,你想加些什么?

(3)有人说"生命诚可贵",但是哈尔威船长却选择放弃自己的生命,大家觉得他是英雄,带给我们深深的感动。此时,你对生命又有什么新的体会?

▶ 总结收获,布置作业

(1)生命如此重要,但为了别人奉献自己的生命,就显得更为可贵。这些人身上因为具有这样伟大的品格,所以我们称他们为"英雄"。在生活中还有哪些为了别人可以牺牲自己的平凡英雄呢?

预设:警察、环卫工人、挑山工……

第三章
"语言运用＋思维能力"核心素养达成

第一节 "语言运用＋思维能力"核心素养解读

一、思维能力:培养语文核心素养的枢纽

思维能力是内化语文课程核心素养的关键所在。《义务教育语文课程标准（2022 年版）》指出,"思维能力是指学生在语文学习过程中的联想想象、分析比较、归纳判断等认知表现,主要包括直觉思维、形象思维、逻辑思维、辩证思维和创造思维。思维具有一定的敏捷性、灵活性、深刻性、独创性、批判性。有好奇心、求知欲,崇尚真知,勇于探索创新,养成积极思考的习惯"。

第一,直觉思维。直觉就是直接洞察,是一种非逻辑思维形式。对其得出的结论没有明确的思考步骤。直觉思维就是人脑对突然出现在面前的新事物、新现象、新问题及其关系的迅速识别、敏锐而深入的洞察。直觉思维的内容有直觉判断、直觉想象和直觉启发。首先,直觉判断时,知识经验越丰富,洞察力越强。其次,当外界提供的信息不充分时,就要借助想象、猜测才能形成大致的判断,然后再去寻找证据以证明或否定自己的初步判断。创造性的想象可以把零散的"潜意识思维"激活,与已知思维形成一种新的联系。最后是直觉启发。思维在某种新的外部刺激下发生了联想,既包括由实物载体所载产生信息的启发,也包括由语言载体所载信息产生的启发。

第二,形象思维。形象思维又称直感思维,是指以具体的形象或图像为思维内容的思维形态,是人的一种本能思维。形象思维要通过独具个性的特殊形象来表现事物的本质。形象思维可以调用许多形象的材料,将它们合在一起形成新的形象,或者由一个形象跳跃到另一个形象,或是运用已有的形象形成新形象。形象思维对问题的分析是大体上的把握,所以在实际的思维活动中,还需要协同调用抽象思维和形象思维。

第三,逻辑思维。逻辑思维也称抽象思维,它是人们在认识过程中借助概念、判断、推理反映现实的过程。它用科学的抽象概念揭示事物的本质,表达认识现实的结果。逻辑思维是确定的、有条理、有根据的思维。在逻辑思维中,要用到概念、判断、推理等思维形式和比较、分析、综合、抽象、概括等方法,而掌握和运用这些思维形式和方法的程度就反映了逻辑思维的能力。

第四,辩证思维。辩证思维是指以变化视角认识事物的思维方式,通常被认为与逻辑思维对立。在逻辑思维中,事物非此即彼。但在辩证思维中,事物可以在同一时间亦此亦彼,强调以动态发展的眼光来看问题。培养辩证思维,就要对思维对象从多方面、多角度进行考察。

第五,创造思维。创造思维也叫创造性思维,创造性思维表现在思考的方法和技巧上,是指在某些局部的结论和见解上具有新奇独到之处的思维活动。创造性的思维过程离不开推理、想象、联想、直觉等思维活动,创造性思维能力要经过长期的知识积累、智能训练才能获得。

传统教育模式下,学生通常被动地接受教师指导,缺乏自主学习能力。而在语文整体教学中,教师要引导学生通过运用自身思维能力理解和分析教学内容,形成自己的学习方法和策略。这种自主学习能力可以督促学生形成自主学习习惯和能力,增强他们学习的主动性和积极性,帮助学生养成独立思考的习惯,培养他们的观察、想象和表达等创造性思维能力。这种培养方式在学生思维的发展中起到至关重要的作用,可以激发学生的思维潜能,提高创造力水平。

二、语言与思维的交融:让"思维能力"贯穿语言运用过程

《义务教育语文课程标准(2022年版)》提出,思辨性阅读与表达这一任务群旨在引导学生在语文实践活动中,通过阅读、比较、推断、质疑、讨论等方式,梳理观点、事实与材料及其关系;辨析态度与立场,辨别是非、善恶、美丑,保持好奇心和求知欲,养成勤学好问的习惯;负责任、有中心、有条理、重证据地表达,培养理性思维和理性精神。第二学段学习内容第一条提出,依据事实和细节,运用口头和图文结合的方式,表达自己的观点和思考,目标是引导学生"培养思维能力,提升思维品质"。

思辨性阅读涉及学生在阅读过程中展开的多维对话,包括以下内容。

与作者对话:了解作者的背景、生活,体验作者的语言和主旨,感知作者的情感和价值观。

与文本对话:探索文本的逻辑和语言魅力,把握其核心思想,感受其中传递的情感和价值观。

与生活对话：将作者和文本与自身的生活经验联系起来，发现生活与文本内容的联系和区别，深化对生活的理解和热爱。

与自我对话：将自己置于文本中，通过与作者和文本对话，校正自我定位，发现个人与外界的异同，促进自我学习与成长，调整或强化自我价值观。

思辨性阅读的前提是确保学生真正"读"懂作者和文本，避免"误读"和"乱读"。同时，在阅读的过程中激发学生的好奇心，让学生持续提出问题、发现新事物、进行比较和质疑。这种读与思辨的结合是统一的，学生在阅读中进行多种认知活动，如联想、分析、归纳和判断，以发展多方面的思维，提升其思维的敏捷性、灵活性、深度、独创性和批判性。

三、单元统整：以学习任务群促进思维能力的提升

教材是开展教学活动的出发点。在语文教学中培养学生的思维能力，离不开具体的语言实践活动。教师应先研读教材，把握阅读材料与思维拓展的契合点，为引领学生进行深入的思考创造广阔的空间。为精准定位学生目前思维发展的深度，教师在确定教材思维训练点后，需要评估学生现阶段的思维发展水平，为落实具体而丰富的语言实践做铺垫。

我们可以利用统编版语文教科书中各单元的语文要素，对同一单元的文章进行系统梳理，以帮助学生更准确地把握单元核心，并通过整合学习来提升他们的思维水平。如四年级上册的第四单元探讨了神话与永恒魅力，勾勒了人类童年时的无限幻想。单元整合的方法有助于提炼文本的共性特征，通过对比、综合和分析等方式，提升学生的思维能力。

第二节 "三序合一"促素养提升实施路径

案例 1 正向设计大单元教学策略——以三年级上册第四单元为例

一、核心知识序

（一）纵向梳理，找准学习起点

阅读策略单元是统编版语文教材的一个创新单元，主要包括三年级"预测策略单元"、四年级"提问策略单元"、五年级"提高阅读速度策略单元"、六年级"有目的地阅读策略单元"。学生在小学低年级的生活和阅读中，就已经在无意

识地进行预测了。事实上,学生认识了一些字,在借助拼音阅读时,预测的行为就已经发生了。在教科书内容的安排上,比如,二年级上册《雪孩子》文后的问题"看着雪孩子变成了白云,小白兔心里会想些什么呢";二年级下册《蜘蛛开店》的思考练习题"接下来会发生什么事?展开想象,续编故事";《祖先的摇篮》的思考练习题"想象一下,在祖先的摇篮里,人们还会做什么"。这些内容能够引导学生尝试运用预测策略,为三年级上册学习预测阅读策略做了铺垫。

预测策略单元作为首个阅读策略单元,起着举足轻重的作用。它既是一个独立的策略单元,又与其他策略单元有着紧密的关联。统编版语文教材将预测单元编排在三年级,有意激发学生阅读的主动性和积极性,让学生在阅读时有意识地进行思考。在学习四年级第二单元"提问策略"时,学生将在三年级学会预测的基础上,学习针对部分内容或全文提问、从不同角度提问、提出对理解课文有帮助的问题。预测单元要从唤醒学生边阅读边预测的意识开始,实践并总结预测的基本方法和途径。教师不能把策略当作知识来教,要重视学生自主的阅读实践,让他们有真实的阅读体验和感受。

(二)横向梳理,确定单元重点

思维过程不能被直接看见,它隐藏在语言理解和运用之中。《义务教育语文课程标准(2022年版)》指出,语言运用这一核心素养要求学生"具有正确、规范运用语言文字的意识和能力,能在具体语言情境中有效交流沟通"。由此,本单元编排了《总也倒不了的老屋》《胡萝卜先生的长胡子》《小狗学叫》三篇课文,童话故事生动有趣,符合三年级学生的阅读兴趣,学生容易自行代入文中情境进行预测。

三篇课文文后多处设置了小朋友的话,让本来无法被看见的预测思维形成范式,展现在学生眼前,推动学生思考。"口语交际"和"习作"的编排与课文相呼应,同样也是对预测思维的运用。"口语交际"板块的"名字里的故事"指向预测思维在具体语言情境中的应用。"习作"板块的"续写故事"是对预测思维教学评一致性的把握。"语文园地"的交流平台点明了预测思维对于阅读有很大的帮助。"语文园地"中的"词句段运用""识字加油站""日积月累"也可以运用预测的思维来学习,解决生活中的语文问题。

那么本单元是如何推进预测思维培养的呢?三篇课文的逻辑顺序如下。运用课文《总也倒不了的老屋》落实顺着故事情节去猜想的目标,学习预测的方法。学生在学习《胡萝卜先生的长胡子》时应用预测的方法。借助课文《小狗学叫》使学生熟练掌握预测方法,尝试续编故事提升思维。预测思维在口语交际和习作中也能得到应用。因此,教师在设计任务群大情境时要把"语文园地""习作""口语交际"串起来,构成有序的知识序。

二、认知建构序

(一)核心素养导向的深度学习

认知建构序是在课堂上培养学生核心素养的关键所在。要实现对核心素养的培养,离不开学生的深度学习。

深度学习是形成学生核心素养的基本途径,强调联想与结构、活动与体验、本质与变式、迁移与应用。弗伦斯•马顿(Ference Marton)和罗杰•萨尔乔(Roger Saljo)最早提出深度学习和浅层学习的概念,他们认为学生在学习过程中采用不同的学习方式会产生不同的学习结果,深度学习主要以联系和理解为主要特征,而浅层学习是以机械重复记忆和孤立信息为主要特征。深度学习是一种以理解意义为目的的主动学习方式,具有联系个人观点、寻找模型、使用证据、检查论证等特征。相反,浅层学习则以完成作业或考试为目的,采用死记硬背的方式记录课程中的信息。同时,深度学习能够展现学生学习过程中的思考,在头脑中与先前的知识和经验进行连接,注重知识间的逻辑关系。因此,深度学习是一种积极参与和高度投入的学习过程。学者郭华认为,深度学习是在教师的引导下,学生围绕具有挑战性的学习任务,全身心地积极参与、体验成功、获得发展的有意义的学习过程。[①]深度学习是以高阶思维为主要活动的学习过程,追求有效的学习迁移和真实的问题解决。

实现教学过程中的深度学习,需要以下几个条件。一是教师在实现学生深度学习的过程中具有重要作用。教师能够唤醒学生以前的知识经验,引导学生思考总结知识模型,寻找合适的教学材料,实现学生对于知识模型的迁移,最后使学生能够在实际生活中运用知识。二是学习过程能够培养学生的成就感和专注力,激发学生想要自主探索的愿望。问题难度在合理区间,能够增强学生的学习信心,培养良好的学习态度。三是创新设计深度学习的学习活动,在深度学习过程中培养学生的学习品质,如批判性思维、协作交流能力、自主学习能力等。

(二)基于深度学习的认知建构序

1. 动机唤醒与学习动机引发

动机是学习过程的核心驱动力之一,直接关系学生的参与程度和学习成效。动机唤醒理论强调激发学生内在的学习兴趣和动机,从而促使他们主动参

---

① 郭华. 深度学习及其意义[J]. 课程. 教材. 教法,2016,36(11):25-32.

与学习活动。在课程设计中,动机的引发和唤醒是一个至关重要的环节。

(1)创设情境激发与动机唤醒。动机唤醒理论的核心思想在于通过创设情境和引发兴趣,激发学生主动参与学习的动力。本单元创设了"交流预测是快乐的"这一情境,学生从被动的观众转变为积极的"小读者",并在这一情境下进行阅读策略的探索,从而实现动机唤醒。

(2)传统学习方式的质疑与认知失调。在这个过程中,学生对传统学习方式产生了质疑。这种质疑触发了学生的认知失调,即他们开始意识到被动接受角色并不是唯一的选择。这种认知失调为学生转变思维方式和接受新的学习模式创造了机会。通过引发对学习方式的质疑,学生的思维逐渐开放,为深度学习的理念创造了渗透的空间。

(3)奠定向深度学习模式过渡的基础。"动机唤醒"为学生进一步接受深度学习模式奠定了基础。学生在质疑传统学习方式的过程中,逐渐被引导形成更加积极主动的学习态度。这种态度是深度学习的前提,使学生能够积极参与后续的认知冲突、团队建设、元认知和连接等环节中,从而实现对核心知识的深度理解和内化。

2. 概念解构的感知体验

在学习过程中,概念解构的感知体验是指学生通过对信息的感知、体验和整合,逐渐对概念和知识形成更深刻的理解。在本单元中,概念解构的感知体验是指学生通过实际的阅读活动和使用预测策略,逐步构建阅读策略和故事情节发展的认知模型。

(1)更深刻的认知连接。在概念解构的感知体验阶段,学生的认知、情感和思维方式发生了一系列重要的变化。通过不断地阅读和预测,学生开始将故事中的信息与自己已有的知识进行连接。他们将故事中的情节、人物和事件与自己的生活经验、知识储备相联系,从而形成更加复杂的认知结构。

(2)情感投入与情感体验。在阅读过程中,学生逐渐产生情感共鸣,通过进行预测、参与讨论等方式与故事建立情感联系。这种情感投入使他们能够更深刻地理解故事,进而提升对故事的感知体验。为了促进这种学习体验,本单元设计了"故事圆桌派"的大任务情境。在这个任务情境下,学生通过讨论合作,共同体验学习过程,加深了对知识的理解。这种合作性质的学习活动有助于他们共同经历学习过程,加深对故事的理解,并且有助于他们获得更深层次的知识。

(3)思维模式的变化。由于不断预测和思考,学生的思维模式逐渐从被动接受转变为主动探索和思考。他们开始培养起对故事情节发展的敏感度,从而能够更加有针对性地提出问题、做出推测,实现了思维模式的转变。

（4）抽象和综合能力的提升。在感知体验阶段,学生逐渐从故事的细节中提取出共性和规律,从而形成更高层次的抽象和综合能力。他们开始理解故事中的隐含意义,将不同的信息进行综合,形成更加综合和深入的认知。

综上所述,在概念结构的感知体验阶段,学生在认知、情感和思维方式等多个层面发生了变化。这些变化使他们逐渐建立起对阅读策略和故事情节发展更深刻和全面的理解,从而为进一步的学习和思考奠定了基础。

3. 探究联结与意义建构

在学习过程中,探究联结是指学生通过主动探索、连接不同信息和思考,逐步构建起对知识和概念更深刻的理解。在本单元中,探究联结的意义建构是指学生通过预测、讨论和互动,逐步构建对阅读策略的深刻认识和对故事情节发展的意义建构。

（1）概念之间的联系。学生通过预测和讨论,逐渐建立阅读策略各个要素之间的联系。他们将不同的预测思路、情节线索和主题联系在一起,形成更为综合和深刻的认知模型。

（2）思考层次的提升。通过探究联结,学生开始思考更高层次的问题,不仅关注故事的表面情节,还深入思考情节背后的含义和影响。他们将自己的预测和思考与故事的内在逻辑进行连接,实现了思考层次的提升。教学设计通过反思和总结的环节,引导学生思考自己的思维过程,解释如何解决问题。这有助于学生形成对自己学习方法和策略的认知,提高元认知能力。

（3）情感和情绪的加深。在意义建构过程中,学生不仅关注故事情节本身,还通过自己的情感和情绪对故事进行更深入的体验。他们开始关注故事中人物的情感变化、行为动机等,从而加深了对故事意义的理解。

（4）跨学科思维的培养。通过探究联结,学生将阅读策略和故事情节与自己已有的知识和经验进行联系,培养了跨学科思维。接下来,他们可能会从生活、文化等不同角度来思考故事,进一步拓展思维的广度和深度。

（5）自主学习和批判性思维。探究联结的过程培养了学生的自主学习能力和批判性思维。他们在思考和讨论中逐渐形成自己的观点,并对故事情节和阅读策略进行深入分析和评价,实现了对知识的主动掌握和理解。

综上所述,探究联结的意义建构阶段,学生的头脑中发生了一系列深刻的变化,包括概念之间的联系、思考层次的提升、情感体验的加深、跨学科思维的培养以及自主学习和批判性思维的培养。这些变化使学生逐步形成对阅读策略和故事情节更为全面和深刻的意义建构,实现了知识的深度理解和应用。

4. 重构概念网络进行迁移应用

在对阅读策略进行迁移应用时,学生的认知建构会在以下几个方面发生变化。

(1)策略迁移。学生通过学习和实践阅读策略,如预测思维、意义建构等,形成了一种思维模式和方法论。在重构概念网络与迁移应用阶段,他们开始尝试将这些策略应用于其他阅读材料,从而形成了策略的迁移应用。他们会思考如何运用预测思维来解读未知内容,如何进行意义建构来深化对不同主题的理解等。

(2)多元阅读情境。在阅读策略的迁移应用中,学生会将所学策略应用于多种不同的阅读情境。他们可能在课堂中阅读课文、在家中阅读小说、在社会中阅读新闻等。通过在不同情境中运用相同的策略,学生逐渐形成了一种灵活的阅读思维,能够适应各种阅读挑战。

(3)问题解决与分析。学生在迁移应用阶段会将阅读策略用于解决问题和进行分析。他们可能遇到不同类型的阅读材料,需要通过运用预测思维和意义建构等策略来解决理解难题。这培养了学生批判性思维和问题解决的能力。教学设计通过实际应用,如猜测书名等,帮助学生将所学的预测思维从课堂延伸到现实生活。这种联系有助于学生将新的知识和思维与已有的经验相连接,形成更加丰富的认知结构。

(4)元认知调控。在迁移应用中,学生会不断地进行元认知调控,思考何时、如何以及为什么使用特定的阅读策略。他们开始自主选择合适的策略来应对不同的阅读任务,从而提高元认知水平和自主学习能力。

(5)综合思维和创新。通过将不同的阅读策略进行综合运用,学生能够更好地理解和分析复杂的文本。他们可能同时运用预测、意义建构、提出问题等策略来深入解读一篇文章,从而培养综合思维和创新的能力。

综合而言,阅读策略的迁移应用促使学生在不同情境中灵活运用所学策略,从而在认知建构方面发生一些变化,包括策略迁移、多元阅读情境、问题解决与分析、元认知调控以及综合思维和创新等。这些变化使学生能够更好地应对各种阅读挑战,实现了知识的迁移与应用。

通过"认知建构序"的学习,学生从表面阅读到深度思考,从个体预测到合作探究,从问题解决到知识、思维、能力和品格素养的形成,实现了深度学习的目标。这种学习模式符合学生的认知规律,促进了学生对核心知识的深入理解和应用。整体来看,"三序合一"的中的"认知建构序"为利用课堂设计促进学生的深度学习提供了强有力的支持。

三、学习活动序

在《总也倒不了的老屋》《胡萝卜先生的长胡子》《小狗学叫》的课堂设计中,我们立足单元整体架构,设计层次递进的活动推进学生学习。

以精读课文《总也倒不了的老屋》一课为例,本课设计了三个子任务。

任务一:预测初体验。本任务设计的目的是激发学生对预测的兴趣,一起学习"语文园地"中带数字的成语,看图猜成语。同时,融入字词的学习,出示"准、睡、暴",观察这几个字有什么相似之处与不同。

任务二:我是预测家。一边听老师讲故事,一边预测。先看图片预测,这是怎样的老屋。总结:我们可以通过插图进行预测。再来听听老屋说了什么?请学生进行有依据的预测。从学生有依据的预测中,我们可以总结出他们是根据自己的阅读经验预测的。

在这里引导学生对主角进行讨论:如果生活中别人不让我倒下我会觉得不耐烦,那么老屋会一样不耐烦吗?通过教师引导和学生思考,课堂上可以总结出多种预测的方法。

任务三:圆桌派小剧场。教师请学生分角色朗读。代入角色后尝试思考,故事有什么特点?原来故事大部分都是对话。同时还有同学发现,对话中还有提示语,提示语中有动作描写。所以,学生在代入表演时要注意提示语。对提示语的留意为接下来学习写情节做了铺垫。

可以看到,《总也倒不了的老屋》一课的教学引导学生一边读一边猜,学习预测策略,感受预测的乐趣,自主总结借助插图、题目、文章内容、生活经验等进行预测的方法,并通过猜一猜"小蜘蛛来了,会发生什么"引导学生展开想象,大胆预测,明确预测内容有的跟故事内容一样,有的可能不一样,只要言之有理即可。

三篇课文从学习方法、体验快乐,到巩固预测、提升表达,再到运用方法、落实写作。通过一个活动接一个的活动,学生的语文能力和核心素养在螺旋上升、层层递进的语文活动中得到提升。

四、"三序合一"整合分析

本案例"三序合一"的梳理经过了以下步骤。

通过解读核心知识序精准定位"讲什么"。因为本单元以"猜测与推想"阅读策略为学习目标,从而确定本单元学生的核心素养的培养方向为"语言运用＋思维能力"。基于此,在课程标准中找到与思维能力相对应的任务群为思辨性阅读与表达,从而围绕这一特定的思辨学习主题,确定情境大任务为"故事圆桌派",子任务为本单元具体能力培养点:从梳理预测方法,到巩固预测、提升表达,最后运用预测、落实写作,形成了具有内在逻辑关联的语文系列实践学习子任务,从而指向思维能力这一核心素养的发展。为了引发学生探究、思考,"真实"的学习情境既可以是对社会生活体验的再现,也可以是符合生活逻辑的语言交际场景的模拟。日常生活中我们会和朋友就一个话题进行讨论,"圆桌派"的讨论与交流就是基于真实的交往情境而设计的实用场景。

通过认知建构序定位怎么教,引导教师站在学生的视角分析学习过程。一开始,我们激发了学生头脑中关于预测的兴趣点,唤醒了已有的预测经验,帮助学生定位学习预测的目的。接下来,在教材的显性思维提示下,老师引导学生有意识地说出自己的预测思维过程,让学生构建预测的思维通路,下次学生就可以按照这种方式思考。由此,学生头脑中关于"预测"的思想实现了认知激活到认知清晰再到认知提升的转变。

最后,结合学习活动序考虑哪些活动设计可以促进学生预测思维的提升。《总也倒不了的老屋》课文的教学主要通过观察、问答、表达、讨论、表演来让学生进行发散性思考。《胡萝卜先生的长胡子》课文的教学根据语言训练点增加了合作朗读、仿写、点评、编故事等活动,引导学生进行深入思考。

三年级上册第四单元具体教学实施

一、核心知识序

(一)单元主题及内容简析

本单元以"猜测与推想,使我们的阅读之旅充满了乐趣"为学习主题,意在通过三篇课文的语言实践活动,让学生在阅读、推断、比较、质疑中,借助材料延伸观点,有证据、有条理地表达自己的思维。围绕这一阅读策略,教材编排了三篇寓意深刻、富有童趣的故事:《总也倒不了的老屋》《胡萝卜先生的长胡子》《小狗学叫》。课文《总也倒不了的老屋》写了老屋相继为小猫、老母鸡和小蜘蛛遮风挡雨、坚持不倒的故事,赞扬了老屋助人为乐、一心为别人着想的品质。《胡萝卜先生的长胡子》中的胡萝卜先生漏刮了一根胡子,小男孩用它来做风筝线,鸟太太用它来当晾尿布的绳子……文章让我们感受到了童话世界的神奇。《小狗学叫》讲述了一条不会叫的小狗的奇特经历,故事告诉人们:每个事物都有各自的特点。三篇课文意在让学生在猜测与推想中体会阅读的乐趣。

(二)单元目标

(1)积累与运用本单元需要掌握的生字,理解字义,正确读写词语。

（2）一边阅读一边预测，结合文章题目、插图，文章中的线索以及生活经验进行预测，感受预测的乐趣。

（3）能将自己的预测与实际内容进行比较，及时修正自己的想法。

（4）能结合阅读体验，交流、总结运用预测策略的好处，知道在课外阅读中要自觉运用预测这一阅读策略。

（5）能了解自己或他人名字的含义或来历，把了解到的信息讲清楚。

（6）能根据插图和提示续写故事，把故事写完整。

（三）语文要素

1. 纵向解读

二年级上册《雪孩子》文后的问题"看着雪孩子变成了白云，小白兔心里会想些什么呢"，二年级下册《蜘蛛开店》的思考练习题"接下来会发生什么事？展开想象，续编故事"，二年级下册《祖先的摇篮》的思考练习题"想象一下，在祖先的摇篮里，人们还会做什么"，这些内容为三年级上册的学习预测阅读策略单元做了铺垫。阅读策略单元从"预测"到"提问"、从"提高阅读速度"到"有目的地阅读"，为学生习得阅读方法提供了方法支撑。

2. 横向分析

《总也倒不了的老屋》的旁批引导学生进行预测，学习预测的基本方法，提示学生可以根据题目、插图、文章内容里的一些线索，依据阅读经验、生活经验进行预测。课后第一题为学生提示了交流的思路以及语言表达的方式，引导学生一边阅读，一边预测，并相互交流各自预测的内容。课后第二题引导学生深入理解课文内容，引导学生交流对老屋的印象。课后习题以讨论的形式，提示了预测的角度和相关依据，意在提高学生预测的能力。

《胡萝卜先生的长胡子》《小狗学叫》是两篇略读课文，文前的学习提示明确了主要学习目标。课文的主要目的是引导学生运用《总也不倒了的老屋》学到的方法边阅读边预测故事的发展。课堂上，教师可以引导学生依据内容、阅读经验和生活经验发挥想象，打开思路，多角度预测故事的发展。语文园地的交流平台总结了预测的价值和意义，让学生结合阅读体验，交流、总结运用预测策略的好处，让学生在课外阅读中自觉运用预测策略。本单元的编排体现出"学习预测—练习预测—独立预测"的渐进发展过程，教学目标体现出层层递进的特点。

3. 核心素养

语言运用、思维发展。

4. 任务群

"实用性阅读与交流"学习任务群。

二、认知建构序

（一）单元大任务

基于单元内容的关联性与系统性，本单元创设了"故事圆桌派"的任务情境，并在此情境下安排了三个主任务，分别是我是猜想家、我是大编剧、我是生活思考家。每个主任务又各自相应不同的任务情境与一系列活动。

（二）单元任务群设计

任务一：我是预测家

活动1：游老屋，猜故事——预测初体验

活动2：读故事，找线索——了解内容，感受快乐

活动3：用批注，讲故事——梳理方法，学会预测

任务二：改写结局

活动1：读课文，写剧本——有依据地预测

活动2：善于思考，故事妙——思考不同的故事结局

活动3：创造价值，听众爱——考虑故事的含义

活动4：最佳编剧颁奖——写出你心中最有意思、有想法的结局

任务三：课外拓展

活动1：在名字中寻找意义

活动2：续编故事，"妙笔生花"

三、学习活动序

《胡萝卜先生的长胡子》

（一）学习内容

第一，生动有趣，充满想象。文中鸟太太对绳子是如何处置的，胡萝卜先生还会遇上哪些小动物，胡子又会被如何处置，给学生无限的想象。第二，语言特别，易于续编。本文有反复的情节，如"胡萝卜先生的胡子刚好在风里飘动着"出现了两次，"胡萝卜先生继续往前走"出现了两次，有利于学生根据反复的情节进行推测，并续编故事。第三，逐层推进，易于续编。比如在男孩把胡子当风筝线的片段中，作者先写地点，再写人物，接着写碰到的困难，最后写解决的办法。易于学生发现和模仿，并进行续编。第四，文化内涵，道理育人。胡萝卜先生自己也没想到，他的胡子居然无意中帮了大家很多忙，自己也因此受益了。学生进而总结"每个人都有自己的价值"的道理。

（二）学情分析

虽然学生已经知道根据题目、插图去预测，但是在这一课学生又遇到一些新的问题，比如预测的内容没有原文丰富或与原文不一致时，不懂得如何修正想法

继续预测等。

（三）学习目标

（1）尝试一边读一边预测故事内容，初步感受边读边预测的好处和乐趣。

（2）学习在阅读中根据故事实际内容修正自己的想法。

（3）尝试预测故事的结局，感受故事发展的多样性。

（四）本课任务

学生可以通过回顾预测方法来巩固对上节课程所学方法的理解，并将其应用于实际的预测中。学生不仅可以尝试运用这些方法，还能够发现预测的多样性，并在实践中对其进行修正和改进。通过本课的实践，学生可以更清晰地理解预测方法的灵活性和应用场景。

此外，本课将阅读和写作结合起来，可以帮助学生更好地掌握引号。教师要帮助学生理解引号是如何用于引述他人观点或文字的，并引导学生学会在写作中正确地使用引号。

在续编结局的过程中，学生可以发散思维，尝试多种可能的发展方向。他们可以拓展故事情节，探索不同的结局可能性，或者加入新的元素和角色，以激发创造力和想象力。这种练习有助于学生超越传统的故事框架，展现创新的想法，并培养他们在解决问题和创作中多样化的思维方式。

（五）学习活动

▶ 任务一：回顾预测方法，运用实践

1. 回顾预测方法

上节课，我们了解了一些猜想的工具，谁来帮大家回顾一下。让学生回忆预测的方法：联系文章内容预测，结合插图进行预测，联系生活经验进行预测，联系题目进行预测。

2. 引出"故事圆桌派"情境

每篇故事都由作家决定怎么写，你想不想自己创编故事？欢迎你来到故事圆桌派。今天，你可以尽情讨论你设想的故事情节。要创造故事情节，首先我们得从头开始读，然后接着往下猜。

3. 通过题目进行预测

读读题目，猜一猜接下来会发生什么故事。借助题目进行奇妙的想象。

4. 运用方法，进行预测

（1）说要求：接下来会发生什么呢？今天咱们围成大桌，大胆猜，痛快聊。每一个小听众的想法都很重要。一位同学讲故事，其他同学一边听，一边思考。

（2）个人交流：试着说一说自己的预测和原因吧。利用句式：当读到……我预测……因为……

5. 合作朗读

胡萝卜先生的胡子沾上果酱之后,开始变长。那胡子是怎样变长的呢?我们一起来合作读吧!女生读红色部分,男生读绿色部分。

▶任务二:进一步了解预测

(1)交流预测的相同和不同。打开书看看后边的情节(第四至八自然段),和你猜的一样吗?有的学生猜的一样,有的学生猜的不一样。

(2)明白只要有依据都可以,同时修正想法往下猜。我们猜对很高兴,但没猜到原文,预测还有意义吗?通过讨论交流让学生明白,只要是有依据的预测,都是可以的。那预测和原文不一样,我们怎么往下猜?我们可以修改自己的想法,继续往下猜。

▶任务三:读写结合,落实引号用法

1. 找学生表演,感受动作和语言

胡萝卜先生遇到小男孩,会发生什么有趣的情节?我请同学来演一演。其他同学请关注老师标红和标蓝的部分,看他们演得怎么样。请同学们说说,这两位同学在表演时你注意到了什么?

2. 感悟提示语:

现在,老师来读旁白,请你们在原地扮演小男孩吧。

3. 续编鸟太太的情节

作者有意隐藏故事结局,想让你们去预测呢!请同学们对照小男孩的语言、动作描写,预测一下鸟太太的相关情节。

▶任务四:续编结局,发散思维

1. 预测结尾

长长的胡子就像一条长线,有它独特的用处。小男孩用它来放风筝,鸟太太用它晾尿布。接下来还会发生什么,圆桌讨论一下接下来的情节吧。

2. 体会情节变化

想知道后面发生了什么吗?大家看看喜不喜欢这个结尾。(放录音)

3. 初步感受结局

大家喜欢这个故事吗?大部分学生喜欢这个结局,因为胡萝卜先生发现胡子不仅可以帮助自己,还可以帮助其他人。

▶任务五:给《小狗学叫》续编结局

1. 续写结局

请大家读一读课文,结尾写道"狗跑啊,跑啊",后面又会发生什么呢?请大家写一写你认为最有可能发生的或最感兴趣的结局。

2. 相互交流

现在,我们和小组同学交流一下吧。以小圆桌为单位,讲一讲你的结局,同时说一说你的理由。不同的结局有各自的发展,带给我们不同的感受。

3. 总结

预测是一种方法,也是一种能力。边阅读边预测,我们会有更多的收获。

▶ 总结收获,布置作业

(1)任选一种结局,续写《小狗学叫》。

(2)人的名字往往包含了期待,请试着猜猜自己名字里的故事吧!

(3)选择一本书,如《夏洛的网》,猜猜后面会发生什么。

▶ 板书设计

13　胡萝卜先生的长胡子

顺情节猜

讲明道理

实现自我

案例 2　逆向设计大单元教学策略——以三年级下册第八单元为例

以"三序合一"教学法为指导,我们以核心知识序、认知建构序、学习活动序为轴,开展教学实践活动,让核心素养落地。

我们通过"核心知识序"精准定位"教什么";通过"认知建构序"站在学生的视角分析学习过程,定位"怎么教";通过"学习活动序"来思考如何"优化教与学",让学生学得有趣、高效。我们以"核心素养"为统一目标,以"认知建构"为设计核心,从而实现单元整体大情境和语文学习任务群设计进阶的结构性变化,促进素养导向的深度学习。

我们尝试在"三序合一"教学法的指导下,转变教学实施路径,"以终为始",从学习结果开始逆向探究,从输出端而非输入端去思考教学,即从预期结果开始思考教学,再确定适合的教学行为。

逆向教学设计是一种"三段式"教学设计模式(图 3-1),即首先明确预期的学习结果,其次确定达到预期结果的证据,最后设计恰当的学习体验和教学活动。它强调"教学目标源于课程标准、评估设计先于课程设计,指向学习结果的质量"。

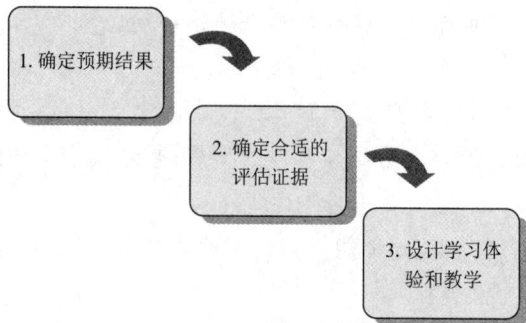

图 3-1　逆向教学设计三阶段

　　下面,我们以围绕"语言运用 + 思维能力"核心素养的统编版语文三年级下册第八单元为例,分析如何采用"三序合一"教学法进行逆向设计,展开大单元教学。本单元的主题为"有趣的故事",阅读要素为"了解故事的主要内容,复述故事",习作要素为"根据提示,展开想象,尝试编童话故事"。

一、核心知识序

　　首先,我们站在单元整体的角度,梳理"核心知识序","以终为始",我们从学习结果倒推学习目标,进行逆向思考,充分发挥教学目标的引领功能。

(一)宏观看课标

　　从核心素养来看,这一单元即主要落实"语言运用"和"思维能力"这两大核心素养。"在丰富的语言实践中,主动积累、梳理和整合"语言文字;"在具体语言情景中有效交流沟通"以及"在语文学习过程中分析比较、归纳判断"。

　　从课程内容来看,本单元属于"实用性阅读与交流""文学阅读与创意表达"两个任务群的学习内容。根据《义务教育语文课程标准(2022 年版)》的理念,这两个任务群的"教学提示"中都提到了"复述":"学习活动可以采用朗读、复述、游戏、表演、讲故事、情景对话、现场报道等学生喜闻乐见的形式,将识字、写字、阅读、写作、口语交际、搜集处理信息等融为一体。""引导学生综合运用朗读、默读、诵读、复述、评述等方法学习作品。"

　　同时,《义务教育语文课程标准(2022 年版)》对"复述"能力的培养也有明确的学段要求,见表 3-1。

　　我们在进行大单元逆向设计时,既要考虑学生的基础,也要考虑学完这一单元学生的复述能力将要达到什么水平,以便落实这一区间内的语文素养。

表 3-1 "复述"能力培养在课程标准中的学段要求

课程目标学段要求	第一学段	表达与交流	"听故事、看影视作品,能复述大意和自己感兴趣的情节""能较完整地讲述小故事"
	第二学段	阅读与鉴赏	"能复述叙事性作品的大意"
		表达与交流	"听人说话时能把握主要内容,并能简要转述""讲述故事力求具体生动"
	第三学段	阅读与鉴赏	"阅读叙事性作品,了解事件梗概,能简单描述印象深刻的场景、人物、细节,说出自己的喜爱、憎恶、崇敬、向往、同情等感受"
		表达与交流	"听人说话认真、耐心,能抓住要点,并能简要转述""表达有条理,语气、语调适当"
学业质量	第一学段	"能借助关键词句复述自己读过的故事或其他内容"	
	第二学段	"能复述读过的故事,概括文本内容"	
	第三学段	"独立阅读散文、小说、诗歌等文学作品,在阅读过程中能获得主要内容,用朗读、复述等自己擅长的方式呈现对作品内容的理解""能用文字、结构图等方式梳理作品的行文思路"	

通过以上分析,基础定位是学生能初步借助教材提供的图片、关键词、表格等讲故事。学生将要达到的水平为初步了解"复述"的概念;能找到故事的叙述顺序,并初步借助表格、示意图等方式梳理故事的主要内容;能借助提示,按顺序详细地复述故事;讲述故事力求具体生动。

(二)纵横看定位

本单元的阅读要素以"复述"为关键词,从纵向看,学生在第一学段已经做过借助图片、根据提示等讲故事的练习。"复述"是首次在单元导语中出现,这一语文要素的目标和要求更加集中而明确,训练也更加系统,要求学生在充分了解和把握故事内容的基础上,加以整合,进而内化课文内容,提高表达能力。四、五年级也分别有复述专项(表 3-2)。

从横向看,三年级下册第八单元共编排了四篇课文,精读、略读课文穿插编排,精读课文发展学生顺序思维,引导学生学会从时间到地点再到事情发展顺序阅读和思考,略读课文训练学生关注重点、关注特点的思维,从而提高学生的复述能力。

表3-2　复述训练要素螺旋上升情况

二年级：讲故事	三年级：详细复述	四年级：简要复述	五年级：创造性复述
借助插图、泡泡提示语、关键词、示意图、表格……	借助表格、文字提示，按一定顺序复述，尝试续编……	提炼小标题，按照事情发展顺序，分清详略，讲清关键细节……	转换人称，增加合理情节，变换故事顺序，配上相应动作和表情……

关于习作要素，从纵向看，三年级下册第五单元是习作单元，引导学生展开想象，要能顺着想、反着想，大胆想象。而第八单元的想象要在此基础上做到生动有趣。从横向看，想象作文往往与故事有关，本单元穿插编排精读、略读课文，为学生的习作服务。

（三）重点看单元

聚焦"复述"这一要素，通过梳理四篇课文的课前导读或课后习题，我们发现教材明确了"复述"要素在每课中的具体要求（表3-3）和方法，循序渐进地为学生搭建了复述的支架，为后续简要复述和创造性复述打下基础。而"口语交际"引导学生在记住故事内容的同时，运用已经学过的复述方法分享故事；"语文园地"中的"交流平台"则对复述的方法做了归纳总结；"习作"则让学生根据提示，发挥想象，创编有趣的童话。

表3-3　三年级下册第八单元"复述"要素的具体要求

课文	复述要求	能力点
《慢性子裁缝和急性子顾客》	默读课文，填写下面的表格，再借助表格复述这个故事	借助表格梳理故事，把故事主要内容讲清楚
《方帽子店》*	默读课文，说说故事中的哪个部分是你最意想不到的，再用自己的话复述这个部分	迁移运用，梳理故事脉络，选择部分，用自己的话复述
《漏》	借助下面的示意图和文字提示，按照地点变化的顺序，复述这个故事	借助示意图和文字提示，边想象边复述故事
《枣核》*	默读课文，用自己的话复述这个故事。如果有兴趣试着续编这个故事	发挥想象，尝试创造性续编故事

注：标*的是略读课文。

另外，在单元梳理中，我们也发现《枣核》《方帽子店》的想象十分奇特。而《慢性子裁缝和急性子顾客》按时间顺序展开，情节对称。《漏》不仅情节对称，而且语言也对称。

基于以上分析,我们将单元目标进行了整理,如表 3-4 所示。

表 3-4　单元目标梳理

内容		课时	教学目标
课文	25. 慢性子裁缝和急性子顾客	2	(1)会认 41 个生字,读准其中 8 个多音字,会写 25 个字,正确读写 22 个词语。 (2)分角色朗读课文,能读出故事中人物对话的语气,体会人物特点。 (3)默读课文,交流自己觉得最有趣的内容,体会故事的趣味性。 (4)能借助提示,按顺序复述故事,不遗漏重要情节
	26. 方帽子店	2	
	27. 漏	2	
	28. 枣核	1	
口语交际:趣味故事会		2	(1)能自然、大方地把故事讲给别人听,并能运用合适的方法,把故事讲得吸引人。 (2)认真听别人讲故事,能记住主要内容
习作:这样想象真有趣		2	(1)能选择一种动物作为主角,大胆想象它因特征变化而带来的生活变化,编写一个童话故事。 (2)能用学过的修改符号修改自己的习作

二、认知建构序

逆向设计突出"成果导向"和"程序重构"。即如果期望的"学习结果"是要学生"怎么样",那么,你需要依据"评价标准",证明学生有能力"怎么样",因此,"学习活动"必须"怎么样"。我们试着以逆向教学设计为思路,以基于理解的设计(Understanding by Design, UbD)模板为基本形式,建构语文学科实施路径。

▶阶段一:确定预期结果,发布表现性任务

在以往的教学设计中,往往是教师设定一个学习结果,让学生朝着这个目标学习。但这样简单"给予"的逆向,并非来自学生的内在需求,也并非学生能够真正"理解"的。

将学习的"终点"——可观察、可测量、代表学生发展的学习结果作为教学设计的起点,是逆向教学设计的根本和关键。而"确定预期结果"即我们要带领学生去哪儿。基于核心知识序中对于学习目标的分析,我们依次思考了《义务教育语文课程标准(2022 年版)》有哪些规定? 教材中有哪些主要内容? 学生要掌握哪些知识和技能? 由此,我们对学生有以下预期。

将会知道(K)——

(1)什么是复述,复述与背故事、概括主要内容的不同之处。

（2）复述长文章需要有恰当的复述支架的帮助。

将会理解（U）——

如何根据文本的特点，选择并使用"称手"的复述支架。

将能够（D）——

（1）借助表格、示意图、文字等提示，了解故事的主要内容，把故事复述清楚，不遗漏重要的故事情节。

（2）读出故事中人物对话的语气，体会人物特点、心理活动，感受故事的趣味性。

（3）自然、大方地把故事讲给别人听，并运用合适的方法把故事讲得吸引人。

（4）会由"动物特征变化"出发，大胆想象编故事，并修改自己的习作。

基于以上分析，我们确定了两个重点单元学习目标。

（1）借助表格、示意图、文字等提示，了解故事的主要内容，把故事复述清楚，不遗漏重要故事情节。

（2）选择一种动物作为主角，大胆想象它由于特征变化带来的生活变化，编写一个童话故事。

确定预期的结果后，我们需要根据理解与目标设定创设单元学习主情境，发布表现性任务，借助"主题"建立学习素材间"榫卯"结构的逻辑关联，帮助学生通过主题任务的探究，习得复述方法，获得语言思维的提升。

依据本单元"实用性阅读与交流"学习任务群的要求，我们紧扣实用特点，强调与生活的链接，开发学生校园生活元素，积极创设真实的言语实践情境，结合单元人文主题——有趣的故事，把学生带入趣味故事会的大任务群中。参与故事会需要一张入场门票，完成学习任务，集齐门票拼图就能顺利入场。

我们将单元进行统整，微调教学顺序，充分研究课后题，结合"语文园地"词句段运用中的转述训练发布表现性任务。我们发布活动通知，让学生转述老师通知，邀请家长参与我们即将召开的故事会。

学生巩固转述句的特点与规律，为灵活运用转述句自主复述故事打下基础。

▶阶段二：确定评估证据，进行多维评价

"评价优先"——教学评价的设计优先于教学活动的设计。这里的教学评价不再仅仅是对学生学习目标达成度的最终检测，同时也是一种预评价和过程评价。而学习和迁移不应该用仅有的一次迁移测试来进行评价。就像《追求理解的教学设计》一书提到的：有效的评估不是一张快照，更像是收集了纪念品和图片的剪贴簿。教师应该在教学过程中使用各种方法和形式收集大量证据（图3-2）。

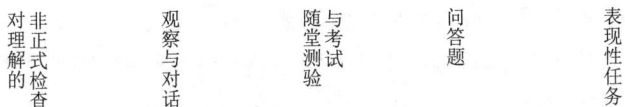

图 3-2　教学评价的各种方法

逆向设计尤为关注评价目标的具体化,并贯穿学习过程。我们在决定教什么和怎么教之前必须思考并制定多元化的评估任务,并在教学进程中适机量化评估证据以全面考查分析学生成就,体现教学评一致性的课程逻辑。

我们不禁开始追问:什么可以用来证明学习目标的达成?达到这些目标的证据是什么?教与学指向、构成评估的表现性行为是什么样的?在想清楚这些问题的基础上,才能在逻辑上导出合适的教学设计,从而使学生成功地完成学习任务,达到要求。由此,我们想到了作业。作业是非常重要的检验学生学习成果的一环,所以我们就可以把作业的完成度看作主要学习证据。

"逆向教学设计"由"大概念"统摄,强调"单元整体""目标导向",是以终为始、评价先行的设计。"作业即评价"的理念在"双减"背景下得到广泛认可,"评价先行"意味着"作业先行"。在逆向教学设计理念的指导下,先设计作业,再设计教学体验和过程,实现教学评一体化,让作业成为教学指南。

这一要求意味着作业设计要从单元整体出发,搭建目标作业体系(图 3-3)。单元目标作业应有助于教学内容的巩固和内化,呈现一定的结构性,清晰指向"学的结果",从而层层推进教学。本单元作业中的各种思维导图给学生提供了复述讲故事的支架,同时也是语文学习积累的抓手,学生可以将这些作业收集到积累本中,逐步达成积累的要求。

在逆向设计理念下,本单元的作业包括口头作业、书面作业,有预习作业和课时练习,有短周期和长周期作业。

同时,在作业优化研究设计中,我们让作业先行,与教学活动同步。参与故事会需要的入场门票的拼图即单元作业的模块(图 3-4),学生集齐拼图拿到门票后,即可参与趣味故事会。

拼图 1 即任务发布环节,落实基础知识及摸清学情。教师根据作业的结果确定教学的起点,顺向思考确定教学的重难点和具体活动形式。

拼图 2"故事框架我来理",由课内故事入手为学生的复述提供了思维脚手架。从《慢性子裁缝和急性子顾客》中的表格,到《方帽子店》中补充学习的 T 形图,再到《漏》一课的鞭炮图等,根据不同文本的特点,搭建复述支架。

完成作业是课堂学习的一部分,作业内容可转化为学习工具,提示"学习路径",发挥导学功能,促进学生自主学习,为达到学习结果创造条件。

拼图3链接拓展阅读,感受奇思妙想。这一部分有三方面的目标:第一复习巩固各种复述方法;第二拓展习作的角度,积累题材,降低习作难度;第三激发学生自主找故事的兴趣,发展学生的审美能力和辩证思维。这些内容也可以放入积累本。

内容		课时	教学目标	作业状态	目标具体描述
课文	25. 慢性子裁缝和急性子顾客	2	1. 会认41个生字,读准其中8个多音字,会写25个字,正确读写22个词语。 2. 分角色朗读课文,能读出故事中人物对话的语气,体会人物特点。 3. 默读课文,交流自己觉得最有趣的内容,体会故事的趣味性。 4. 能借助提示,按顺序复述故事,不遗漏重要情节	基础目标作业	1. 认识34个生字,读准8个多音字,会写25个字,会写22个词。 2. 能用自己的话转述别人的话
	26. 方帽子店	2		核心阅读复述作业	1. 借助提示,按顺序复述故事,不遗漏重要情节。 2. 默读课文,交流自己觉得有意思的内容,体会阅读的乐趣。 3. 能利用多种方法梳理故事情节,并进行故事复述
	27. 漏	2			
	28. 枣核	1			
口语交际:趣味故事会		2	1. 能自然、大方地把故事讲给别人听,并能运用合适的方法,把故事讲得吸引人。 2. 认真听别人讲故事,能记住主要内容	交流与表达作业	1. 能大胆想象,编写童话故事。 2. 能自然、大方地把故事讲给别人听,并能将有趣的地方生动地表述出来,把故事讲得吸引人。 3. 能认真听别人讲故事,记住主要内容
习作:这样想象真有趣		2	1. 能选择一种动物作为主角,大胆想象它因特征变化而带来的生活变化,编写一个童话故事。 2. 能用学过的修改符号修改自己的习作		

图3-3 单元目标作业体系

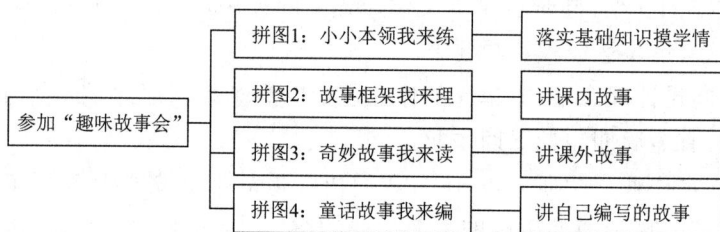

图3-4 故事会入场门票拼图(单元作业模块)

教师应力求让学生徜徉在有趣的故事情节里,感受想象的奇妙。通过课内外相结合、口头书面相结合的作业形式,引导学生多读有趣的故事,引导学生充分展开想象。拓展阅读也能与本单元的语用任务"尝试自信大方讲故事、大胆想象编故事"有机结合,帮助学生打开思路,突破表达难点。

拼图4"童话故事我来编"的作业设计充分将阅读教学与习作表达紧密结合。这部分在引导学生习得阅读方法的同时,锻炼学生知识迁移的能力,引导学生构思一个有趣的童话故事,画一画故事脉络。

综上,我们围绕大单元教学目标的关联性、情境创设的匹配性和学习成果的可测性进行逆向设计,学生掌握了基础知识,习得了复述的方法,阅读了更多有趣的故事,还能学以致用,编写充满奇思妙想的童话故事,顺利集齐四张门票拼图。以上作业的完成度即我们收集到的学生学习成果证据,继而我们可以在课堂上使用入场门票,引导学生参与精彩纷呈的趣味故事会了。在过程中,我们鼓励班里所有的学生积极参与,通过优秀作业展示、伙伴互相点赞、教师互动点评、家长星级评价等方式实现教学成果多维度的评价。

语文课程是一门综合性、实践性很强的课程。课程改革提倡"做中学",推动课堂教学方式不断向实践型转型。逆向教学设计视野下,作业与教学活动是可以相互嵌套、动态开展的。作业是学习活动的一部分,学习的过程就可视为完成作业的过程,我们要及时收集学习成果证据,调整策略,让教学评一致。

▶ 阶段三:设计学习体验与教学,收集过程性证据

在头脑中形成了清晰明确的学习目标和评价证据之后,我们就要全面考虑如何设计最合适的学习体验和教学活动才能使学生达成学习目标。我们必须思考几个关键问题:如果学生要有效地开展学习并获得预期结果,他们需要哪些知识(事实、概念、原理)和技能(过程、步骤、策略)?哪些活动可以使学生获得所需知识和技能?根据表现性目标我们需要教哪些内容,指导学生做什么,以及如何用最恰当的方式开展教学?教师应站在学生的角度开展教学,根据单元设计循环以及设计与反馈图,不断地征集反馈(即学习证据),尝试在教学安排上采用进阶策略,让学生的学习体验逐步深入,接近目标。我们设计了学习体验与教学的五个步骤,即学习准备、体验试错、解疑顿悟、合力探究、达成分析。下面,我们以本单元为例进行具体阐述。

第一步——学习准备:诊断寻疑。

根据单元的主题情境,我们从单元导读课入手,带领学生初步了解整个单元的教学内容设置,整体感知单元学习内容,做好学习准备。同时,我们利用单元导读页和"语文园地""交流平台"中的内容,将"复述"概念前置,并组织学生先学习"语文园地"中的"用自己的话转述别人说的话",与"口语交际"中的"故事会"巧妙融合,采用"趣味故事会"任务发布的形式,让学生掌握转述时人称、说话角度等的转变,这是学习复述课文人物语言乃至复述故事的基础。这也为学生明确学习方向打下了基础,同时激发了学生的学习兴趣。

同时,我们通过"前测""预习单"等方式进行诊断性评价,收集学情证据,把握学生学习的起点,预估难点。比如我们发现,学生对故事有浓厚的兴趣,这

为后续学生进行复述、培养想象力和创造力提供了支持。这也与《义务教育语文课程标准（2022年版）》中的"阅读富有想象力和表现力的儿童文学作品，欣赏富有童趣的语言与形象，感受纯真美好的童心，学习用口头或者图文结合的方式创编儿童诗和有趣的故事，发展想象力"相呼应。

第二步——体验试错：挑战遇疑。

三年级的阅读训练要素为"了解故事的主要内容，复述故事"。学生不再需要借助字词、图片等具象化的提示进行复述，学生要在概括性、结构性的支架提示基础上，自主回忆故事情节，填充细节，再复述出来。朱智贤在《儿童心理学》中指出，"三、四年级的学生所能理解的事物范围内，已经可以很少利用实物来进行想象，这就是说，他们已经可以在词的思维水平上进行想象，想象的构思已具有更大的概括性和内部逻辑性"。也就是说，学生已经可以也需要摆脱具象化的提示，为自己设置抽象的抓手了。

这一环节，我们引导学生在情境任务中找到抓手，进行复述，梳理故事框架，获取课内故事拼图，为实现重点单元学习目标做好铺垫。我们引导学生初步尝试用自己的话讲故事，让学生发现在没有抓手的情况下讲故事有一定的难度。

我们可以利用教科书的助学系统，引导学生了解梳理出故事的逻辑结构即故事的脉络，便可以条理清楚地把故事讲下来。比如，《慢性子裁缝和急性子顾客》一课可以借助表格，按时间顺序来整理复述逻辑。

接下来，文章的篇幅又给学生的梳理带来困扰，这时我们需要引导学生根据时间提示给文章明确分段。不妨聚焦第一天顾客和裁缝的表现，将其填到表格中。我们可以提问学生：这么长的内容，都写进去吗？该如何让这一大段"挤"到小小的表格里？哪些内容适合放进去？哪些内容可以被剔除？教师引导学生根据自己的理解，自主阅读并尝试提取。根据课堂反馈收集的证据，我们发现学生如我们预想的一致，填入表格的内容十分烦琐，这是学生学习过程中的又一次遇困。但这种学生体验不能被取代或没收，只有从起初的梳理框架入手，学生才能知道复述和背课文之间的区别。复述不是背故事，它的内核是理解和建构，学生必须先理解故事的逻辑，建构属于自己的故事结构，才能顺利地进行复述。学生在复述较长的情节时，要注意提醒他们不能遗漏重要的内容，要抓住关键词句，简洁地表达，不必照本宣科。

第三步——解疑顿悟：支架点拨。

我们在教授本单元的第三篇课文《漏》时，引导学生在对故事内容了解和把握的基础上进行详细复述。根据收集的学习证据，学生经过前两课的练习，已经掌握了一定的复述方法。大部分学生能借助预习单正确完成"人物关"的梳理,找出主要角色,了解"漏"在不同角色眼里分别指什么,也能试着用自己的话简单说一说课文讲了一件什么事。鉴于文本特性和难度,本课的"复述"落实放慢了脚步,充分给予学生自主感知体悟的时间。

一是精准定位学生目前所处的位置,学生已经掌握了关注时间变化梳理课文、复述课文的方法。我们要引导学生将所学的知识迁移到新的甚至令人感到困惑的情境中去。

二是引导学生不断优化复述成果,即发现规律。学生借助支架,用自己的话再次按照地点的变化顺序复述这个故事。他们不难发现问题,大家都可以按照示意图,框架式地把故事讲下来,但感觉大家讲得都一样,故事情节不丰满,也不吸引人。

我们可以引导学生从"说说文中最有意思地方"入手,激发学生的学习兴趣。通过对比角色反应,用上合适的语气让心里话"跳出来",再加上表情和动作,现场表演,让人物活起来,复述故事也随之精彩起来。

第四步——合力探究:持续反馈。

前面我们阐述了支架的搭建离不开学生自主迁移,这是学生的本我突破。其实,复述学习成果的达成更离不开学生的自主合作探究,这是集体智慧的破冰。以《漏》为例,我们引导学生以小组为单位,分别找出描写老虎和贼害怕的样子的句子,然后找老虎相关句子的小组和找贼相关句子的小组合作完成故事的复述。

第五步——达成分析:单元调整。

在"三序合一"大单元的逆向设计中,我们一直在进行单元调整。

教师方面:持续收集学生的学习成果证据,明晰学习目标的达成情况,并有理有据地进行单元调整,不断接近目标,最终达成目标。比如根据情境任务需要,将"口语交际"中的"转述"等单元素材整合前置。比如跳出传统授课模式,以"1＋X"视野从课内走向课外,拓展文本《胖驴瘦马》进行对称内容的想象和复述练习;文本《樵夫智寻猎户》继续通过运用表格、示意图和图片等提示学生复述故事中自己感兴趣的内容;《神奇校车》系列故事拓展学生的想象。

学生方面:持续探索详细复述的要点,不断完善学习方法,最终达成目标。比如指向中心任务的趣味故事会,学生经过最初发布到最终展示的学习历程,同时也根据课堂习得的本领进行自主调整,从趣味性文本的选择到复述方法的运用,从自我的试炼到展台的检验,都是自我调整的过程。

回顾全程,在大单元视域下,我们按照"三序合一"逆向设计,学生能非常积极地参与并完成整个任务。无论是对文本进行统整、理清脉络,搭建复述支架,让思维得到提升;还是在趣味故事会中进行多样化展示,让"复述"从课堂走向生活;还是回归语言文字运用,发散思维,大胆想象,写下开放又有趣的故事。语言运用和思维提升核心素养实现高度契合、均衡发展。

三、学习活动序

学习活动序需要为学生"量身定做",所以必须注重对学生的研究,要熟悉学生的学习规律,引导学生了解所学的知识、技能的特征,最大限度地避免学习过程中的偏差,让学习活动能真正助力教学效果。

细化语文课堂中的学习活动,可以分为"听""读""说""写""演""画""练"七种类型:"听"包括教师讲解、同伴分享、音频播放等;"读"包括默读、朗读、自由读、快速浏览等;"说"包括自由发言、同伴互动、话题辩论等;"写"包括随文拓展、批注、任务单填写等;"演"包括角色扮演、课本剧排演、实验演绎等;"画"包括绘制导图、罗列结构、填画图表、图文互批等;"练"包括专项练习、实践体验、合作尝试、运用学具操作等。

根据本单元的学习任务,我们尝试在"确定的子任务"下,选择"具体环节"的实施步骤。教师要针对重难点和"试错体验""解疑顿悟""合力探究"板块安排合适的学习活动,并谨记学习活动要符合学情,要有利于建立与旧知识、与生活的联系,从而让课时的流程更加优化,教学环节更加有序,实现"学习活动的结构化"。本单元可以安排以下学习活动(图3-5)。

三年级下册第八单元具体教学实施

(一)学习内容

《漏》一文是民间故事,故事围绕"漏"展开,老虎和贼对"漏"极其害怕的心理导致他们不辨真伪,盲目逃窜。课文极具趣味性,一波三折。地点也在不断转换:老婆婆家、逃跑路上、歪脖老树、山坡下、老婆婆家。故事语言富有特色,老虎和贼的反应各自对应的语言风格,让复述有了抓手。

(二)学情简析

学生在第一学段已经达到"听故事、看影视作品,能复述大意和自己感兴趣的情节"和"能较完整地讲述小故事"。经过这个单元前面两篇课文的学习,学生已经掌握了借助图片与提示、表格、T形图等复述课文的学习小支架。学生会按顺序进行复述,但只会按照时间顺序进行复述,学习迁移能力有待发展。

(三)学习目标

(1)自主识字,关注笔画"丿",写好"漏";关注用法,认读多音字"哩、旋"。

第八单元任务群

```
                        活动            课文预习、语文园地      ┌─ 活动1  转告通知撰写
                        发布会                              └─ 活动2  字词句挑战赛

                                      《慢性子裁缝和急性      ┌─ 活动1  确定时间,利用表格梳理脉络,进行复述
                     任务一:课内      子顾客》《方帽子店》    ├─ 活动2  T形图进行对比,抓关键词,讲故事
                     故事我来讲        《漏》《枣核》          ├─ 活动3  利用鞭炮图,对称说,讲故事更轻松
                                                            └─ 活动4  连环画,有趣味,讲故事更生动

  趣味故事会                          《胖驴和瘦马》《樵夫    ┌─ 活动1  我找有趣故事
                     任务二:课外      智寻猎户》自编故事      ├─ 活动2  利用思维导图,复述故事
                     故事我来讲                              └─ 活动3  多加练习,我讲课外故事

                                      习作:这样想象真有      ┌─ 活动1  故事情节我编、我画
                     任务三:我编      趣                    ├─ 活动2  大胆想象,写有趣故事
                     故事我来讲                              └─ 活动3  修改符号,修改作文

                     参加            口语交际              ┌─ 活动1  运用合适的方法,练习讲故事
                    "趣味故事会"      参加趣味故事会          ├─ 活动2  参加故事会
                                                            └─ 活动3  多元评价
```

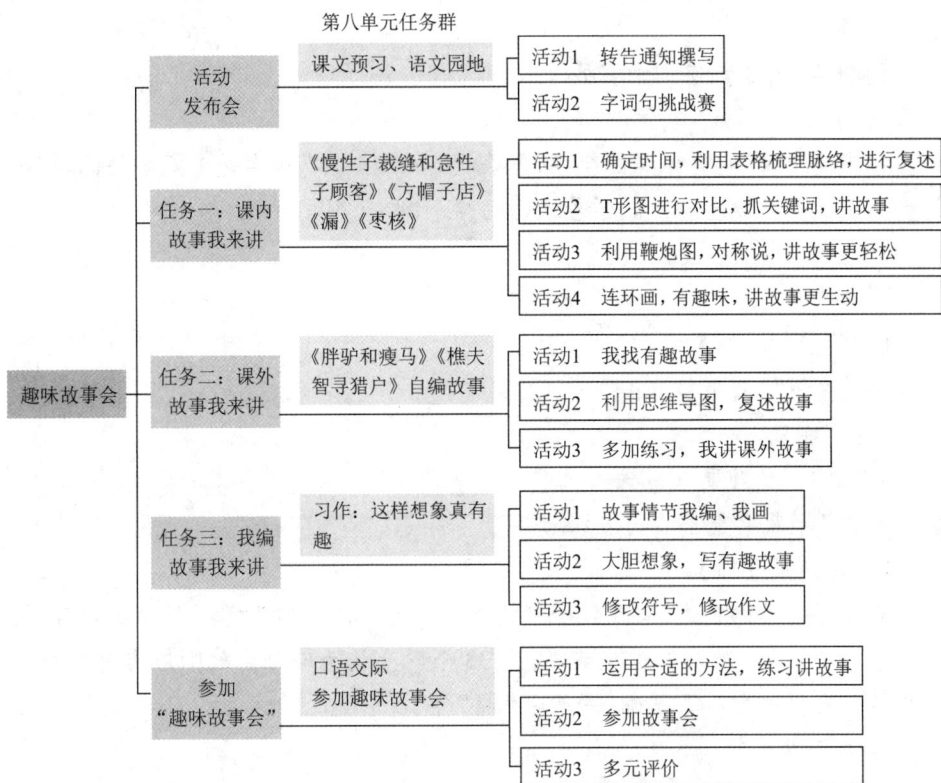

图 3-5　三年级下册第八单元学习活动序建议

（2）借助人物关系,概括主要内容;根据地点及文字提示,厘清故事顺序,把故事复述清楚。

（3）选择有趣的部分,分角色表演读。借助鞭炮支架,发现语言对称规律,把故事讲有趣。

（四）本课任务

学生通过本课的学习,能了解故事主要内容,并根据地点及文字提示,厘清故事顺序。学生围绕第一至第九自然段突破复述重难点,通过"演一演"小剧场活动体会人物的内心戏和动作戏,感受故事趣味;通过"鞭炮图"学习支架的搭建,发现故事语言对称的秘密。另外,学生借助鞭炮图,以小组合作找一找、填一填、合一合、说一说等方式,讲好故事片段,综合提高复述能力。

（五）学习活动

▶ 交流导入,回顾旧知

同学们,伴随着八单元的学习,我们也开启了班级趣味故事会的活动,你看,这是我们的精彩瞬间。今天我们来挑战复述全册书中最长的故事,齐读课文题

目——漏。

▶ 任务一：重点字词来挑战

活动1：写一写

问题1："漏"也是本课的生字，怎么记？"加一加"确实是个好办法，如何把这个字写漂亮？学生交流。学着老师的样子，你也来写一个。

师生共同评价。

学生自评。

【学习目标分解】

写好"漏"字，要做到：

•左窄右宽

•笔画"丿"舒展

•"雨"半藏半露

【学习达成反馈】

根据预习单的反馈，有超过一半的学生认为"漏""贼""偏"三个字较难写，其中认为"漏"字难写的学生最多，有33个学生认为较难。教师应有针对性地督促认为难写的学生写正确、写美观"漏"字。

活动2：辨一辨

问题1：这篇课文有几个多音字。多音字怎么判断读音？

问题2：根据句意定音是我们学过的好办法，"旋"这个字有两个意思很相似，怎么办？找学生读一读紫色方块的字。还有两个词，该怎么读？

学法小结：看来，当多音字字义太接近的时候，我们要关注它的用法。还有一个多音字，谁能来读一读？

【学习目标分解】

(1)能够说出已经学过的多音字根据句意定音的方法。

(2)能借助字典提示，读准多音字。

(3)能够关注多音字的用法，助力读准字音。

【学习达成反馈】

预习单中"旋"及"哩"两个多音字出错较多。在课堂练习中，尤其是"旋"字，在变换组词后，出错率一半以上。在借助字典明确多音字用法后，全班95%的学生都能读准这两个多音字。

▶ 任务二：角色感知说内容

活动1：梳理角色

问题1：这个故事里都有哪些角色呀？这里面，谁是主角呢？

问题 2:有同学多写了个角色——"漏"。你同意吗?如不同意,那"漏"是什么啊?你从哪里知道的?

那对老虎和贼来说,"漏"又是什么?都来说说。

问题 3:第六单元刚学了理解关键的句子,看看这一句话,你又有什么发现?

原来,"漏"就是它们对方。

明明只是漏雨而已,它们却把"漏"想成了大怪兽,而且还被对方吓晕了过去,有意思吧!

【学习目标分解】

(1)能够找到故事中的角色,找到主角。

(2)能明确线索,有依据地找到"漏"在老虎和贼眼中分别是什么。

(3)能借助已有知识理解关键句子,进一步明确"漏"的身份。

【学习达成反馈】

在预习单的梳理课文角色部分,有三个学生写到了"漏"。通过设计的三层角色感知,三个学生均能理解"漏"是什么。

活动 2:概括故事

对照课件上的信息,请大家概括一下文章讲了件什么事?我和大家一起说,可以吗?

同桌两个人互相说一说这一课的主要内容吧。

学法小结:说清楚角色和他们之间发生的事情,就能概括出主要内容,主要内容能帮我们复述故事。

【学习目标分解】

能够说清角色以及角色间发生的事情,概括文章的主要内容。

【学习达成反馈】

全班学生都能顺应角色的转变提示,当堂概括出文章的主要内容。

▶ 任务三:按地点顺序说故事

活动 1:找出"顺序"

这个单元我们刚学复述,知道了复述和概括主要内容是不一样的,复述得说得更详细。这个时候"顺序"就能帮到你。

问题 1:我们都知道有"时间顺序",这一篇课文是什么顺序呢?快速浏览,你有什么发现?

聪明的你,果然在课后题中找到了,看来这个故事是按地点顺序来讲的。有哪些地点?你们找一找,我把它们写到黑板上。

还有文字提示呢,关注到了吧。它们把长长的故事分成了五个部分。

问题 2：谁能把它们对应着放进文章里？

找一个同学上来展示，其他同学对应着找到课文相应的段落，在段后画斜线，再把地点标注上。做对的同学举举手。

【学习目标分解】

（1）能够从时间顺序迁移到地点顺序，理清故事的脉络。

（2）能按照地点和文字提示，给长文章分好段落。

【学习达成反馈】

（1）班级大部分学生有仔细读教科书，关注课后习题找到提示的意识，并从中提取出"地点变化"。

（2）班内超过一半的学生愿意上台互动，截至目前学生有良好的课堂参与意识。

活动 2：按"顺序"讲

问题 1：谁能借助课后题的提示讲讲这个故事？

学法小结：讲得真清楚。你看，地点的顺序很重要，记住在各个地点发生的事，能帮我们把故事复述清楚。看来课后题很重要，打开书自己读一读。

【学习目标分解】

能够按照地点变换，以"在哪里＋发生了什么"的句式把故事说清楚。

【学习达成反馈】

在学生展示后，班内所有学生积极展开练习，把故事说清楚。

▶ 任务四：找到对称讲有趣

活动 1：交流"有趣"

不过这个故事仅仅讲到这种程度还不够，我们一起来挑战把它讲得更有意思吧！

问题 1：默读第一至第九自然段，画下你觉得有意思的地方，再读一读，想想有意思的原因，一会儿我们交流一下。

学生交流，适时点拨。

我看到很多同学都画了第八、第九自然段，它们害怕的样子太有意思了。今天我也把老虎和贼请到了现场，不过只有声音，需要请两位同学跟着它们的讲述配合演一演，其他同学仔细看，看他们演出了文中哪些有意思的地方？

他们演得怎么样？掌声送给我们的小演员。

问题 2：请大家说一说看到了哪些有意思的地方？

学生交流，适时点拨。

刚刚他这是？——浑身发抖，是啊，就是通过这样的动作戏演出了它们的害怕。

问题3：你还看出了哪些动作戏？

不过大家发现了吗？老虎还有这个动作。老虎，我想采访一下你，为什么会有这样一个动作呀？因为文中说"他想"，所以我这样做动作。真是合格的小演员，还能表现他丰富的内心戏呢。

可是老虎你可是百兽之王啊，你吼一声，就能威慑四方，小动物都到处逃散了，你现在怎么这样了？能把这种害怕读出来吗？贼呢？你是不是也是这样害怕呀？你说你又好奇又害怕，你直接光明正大地问老公公和老婆婆不就行了？

我听出来了，咱们老人有句话叫——做贼心虚。

因为心虚，当摸到毛乎乎的东西，他会——

因为心虚，房上掉下来东西，他会——

因为心虚，有东西粘在自己身上，他会——

因为心虚，看到黑乎乎的东西走来，他会——

因为心虚，两两撞在一起，他们会——

【学习目标分解】

（1）能用自己喜欢的方式画出第一至第九自然段有意思的地方，并能说出觉得有意思的原因。

（2）能通过表演，聚焦动作戏和内心戏感受老虎和贼的害怕，感受故事的趣味。

（3）能由第一至第九自然段"房子"出发，体会故事的暗线——老虎和贼的"做贼心虚"，串联全文其他地点，丰富对角色的感知、对故事的理解。

【学习达成反馈】

（1）班内学生能积极进行聚焦式阅读，并有意愿分享个人的自主阅读体验。

（2）班内学生积极举手，乐意参与表演。两位演员能起到示范作用。演员的追踪采访为提取"动作戏"和"内心戏"提供助力，全体学生在观看小演员表演时，也能全身心细致观察，体会动作传达出的角色的内心感受。

活动2：读"有趣"

这么有意思，想不想读一读？巧了，我也想，不如咱们分角色。我来读写老虎的句子，大家读写贼的句子。我还想演一演，起立吧，想表演的同学还可以表演起来。

这个故事真是太有意思了。

【学习目标分解】

能通过动作、神情等互动方式，边读边与同伴分享这个趣味十足的故事。

【学习达成反馈】

班内学生由任务驱动步入课堂高潮，全体起立进入表演模式，满堂欢笑，并自发为集体表演鼓掌。

活动3：发现"对称"

为了表扬你们，老师想给大家变个小魔术。

问题1：这是第八至第九自然段，有发现吗？别急，再变，再变，你有什么发现？

读着读着，我们就发现了这个故事对称的规律。

问题2：谁能借助第八至第九自然的小鞭炮，把老虎和贼害怕的样子讲出来，自己练练，也可以加上你的表演。谁试试？

学生练习第八至第九自然小鞭炮。

学生展示第八至第九自然小鞭炮。

【学习目标分解】

能借助三层鞭炮变化，发现第八至第九自然段的对称规律，并借助最短的鞭炮图，进行复述尝试。

【学习达成反馈】

班内超过2/3的学生能发现故事的语言对称规律，全部学生都能借助支架复述第八至第九自然段。

活动4：讲"有趣"

问题1：这一部分还有许多这样对称的小鞭炮，你们能发挥小组的智慧找到它们并展示给大家吗？

合作要求：请大家根据分工，画下对称的句子，填入小鞭炮图。再将小图合成大图，轮着讲一讲。合作完后，如果你还想继续挑战的话，可以自己说一说整串鞭炮。

我要送一个特别会合作的小组大鞭炮，填完之后由组长带着去黑板上贴一贴，讲一讲。

学生展开自主合作探究。

就请这组同学为我们讲一讲，做小听众也是有学问的，一会儿请你们从这些方面评价。

问题2：谁能从观察点出发，评一评讲得怎样？

问题3：星级挑战。有没有刚才在小组里挑战自己讲完整串鞭炮的？那如果只有一半，可以吗？自己试试看，你可以对照着屏幕上的鞭炮，也可以用好你的学习单。

学生挑战展示讲。

课堂结束提示：

同学们，讲故事你们这么厉害，其实我们也可以用小鞭炮图来编故事，下节课我们来试试。

【学习目标分解】

能根据任务分工,展开小组合作,按照合作学习单,个人画一画、填一填,组内练一练、讲一讲。

【学习达成反馈】

能够在小组合作中完成学习单第一至第九自然段对应的鞭炮图,所有小组都完成了合作汇报任务;至少90%的学生能够借助鞭炮图讲好分配给自己的故事。超过一半的学生愿意进行星级挑战,独自讲第一至第九自然段的内容。1/3的学生能挑战对照屏幕上一半的鞭炮讲好第一至第九自然段。

▶ 任务五:布置作业,分层拓展

基础类:

1. 必做

根据不同难度星级("★"代表难度等级,数量越多难度越高),自主选择一处地点进行挑战。

★完成鞭炮图,讲一讲在"山坡下"发生的故事。

★★完成鞭炮图,讲一讲在"路上"发生的故事。

★★★完成鞭炮图,讲一讲在"歪脖老树"旁发生的故事。

2. 选做

★★★★借助鞭炮图完整地讲一讲"漏"的故事,自主查找有意思的故事,为趣味故事会做准备。

提升类:用鞭炮图构思自己要创编的故事。(长周期:1周)

▶ 板书设计

27.漏

老虎　　　　　　贼

语言　　　　　　对称

动作戏　　　　　内心戏

房子
逃跑路上
歪脖老树
山坡下
房子

第四章
"语言运用＋审美创造"核心素养达成

第一节　"语言运用＋审美创造"核心素养解读

一、审美创造：提升语文核心素养的必由之路

《义务教育语文课程标准（2022 年版）》指出："审美创造是指学生通过感受、理解、欣赏、评价语言文字及作品，获得较为丰富的审美经验，具有初步的感受美、发现美和运用语言文字表现美、创造美的能力；涵养高雅情趣，具备健康的审美意识和正确的审美观念。"如果我们将"审美"界定为按照美的取向对事物或艺术品进行领会和鉴别，那么任何课程都要面对审美问题。而语文课程的审美，首先是对语言作品的审美，也就是说，是以具体的语言作品为审美对象；其次是以语文的方式进行审美，也就是说，审美是以语言文字为载体，在语言实践活动中实现的。

浙江省语文特级教师王崧舟将审美创造分为审美感受、审美理解、审美鉴赏、审美欲望、审美表现几个环节。

审美感受。它是一切审美活动的基础。朱光潜先生说："美感起于形象的直觉。"学生通过感官感受到语言之美，需要对语言有较强的感受力。由语言内容和语言形式所直接引发的审美感受，是学生审美创造最基本的要素。它是学生对语言文字感性形式的一种直接观照，能在精神上获得极大的满足感、愉悦感。

审美理解。它是学生通过丰富的想象、深入的回味将语言美的画面在头脑中呈现并直觉把握其意义的过程。学生以自己的审美与语言作品中产生美感的元素互相作用，由此产生浮想联翩的效果，并获得审美享受。审美理解使学生对文字底蕴的把握更加深刻。

审美鉴赏。它是指学生以独特的审美价值观对语言文字的内涵和特征做出价值判断的过程。在语言文字的理解过程中,审美鉴赏主要是对文本的真实性、真理性、道德性以及风格的独创性所做的一种价值判断;在语言文字的运用过程中,审美鉴赏主要是将自己的审美价值观渗透、融入立意、选材、谋篇布局、遣词造句的过程中,并通过人物塑造、环境刻画、情节叙事、意象选择等形式表现出来。

审美欲望。它是指在对语言文字进行相对理性的评价和判断的过程中,即在美的认识过程中所引发的一种爱的情感。这种情感驱使学生对语言文字作品中的语言、形象、情感、思想等产生持续的回味、怀恋和向往。情感永远是审美的核心,审美欲望使原本伴随着审美感受产生的短暂的情感体验,升华为深刻而长久的审美心境,它是促使学生追求美、创造美,为了美奋斗不息的精神动力。

审美表现。它是指学生在原有文本的启发下,发挥主观想象,对文本中有价值的信息进行假设、推想、创造的过程。它的出发点是审美感受,并且在丰富的语言实践过程中不断完善审美感受,它的落脚点是对语言形象、语言意境的重塑。例如,通过对叙事环境的重新构想、人物关系及情节的重新设计,完成对文本空白的创造;通过对外貌、心理活动及行为的想象,完成对人物形象的塑造。

一般而言,审美过程包括准备、观照、效应和外化等四个阶段。准备阶段,主要是审美对象——语言文字及作品的呈现;观照阶段,是对语言文字及作品的审美感受与理解,形成直接的审美经验;效应阶段,是在脱离了具体的语言文字及作品之后,对审美经验的理性鉴赏与认识,并形成持续的审美欲望;外化阶段,则是运用语言文字表达美、创造美。

审美体验是美感心理的积极建构与动态展开,是通往意义的生命运动。所以,教师要引导学生通过感受、理解、欣赏、评价语言文字及作品,获得较为丰富的审美经验,具有初步感觉美、发现美和运用语言文字表现美、创造美的能力。

二、以美启美:语言运用与审美创造共生

(一)语言运用和审美创造的关系

《义务教育语文课程标准(2022年版)》指出,"语言文字及作品是重要的审美对象,语言学习与运用也是培养审美能力和提升审美品位的重要途径"。

在以往的课堂教学中,教师往往会将审美的对象更多地聚焦在文本所描写的内容上,比如,写人记事文本中人物表现的美好而高贵的精神品质、写景文

本中优美的场景等。不可否认的是,这些属于"审美"的一个重要方面,但从语文课程的本质属性来看,语言文字本身以及由语言文字形成的作品也应该属于"审美"的重要范畴。也就是说,语文课程的审美,首先是对语言作品的审美,是以具体的语言作品作为审美对象;其次,是以语文的方式进行审美,审美是以语言文字为载体、在语言实践活动中实现的。

文本内容依靠语言载体,才能呈现在学生面前;而文本的语言必须有具体鲜活的内容,才能彰显出其应有的价值。因此,对文本内容的审美,需要借助语言审美来实现;而语言的审美,则需要借助具体的内容来推进和强化。所以,这也解释了为什么有"语言运用 + 审美创造"这样的表述。

鉴于此,对于以"语言运用 + 审美创造"语文核心素养为主的单元,教师要紧扣文本语言和内容之间的关系,以"作者是怎样运用语言展现出什么样的美"这一统整性的核心问题,来推进语言运用和审美创造能力素养的融合。

(二)"语言运用 + 审美创造"的路径

以语言运用为基础,从语文审美创造的路径来看,审美创造应该包括以下四个过程:感受、理解、欣赏及评价。

感受是审美创造的起点。学生通过感官感受到语言之美,需要对语言有较强的感受力。对语言文字的直观感受来自诵读,而诵读的目的不仅是了解内容,而且能因语言文字的节奏和韵律带给诵读者身心的愉悦。由语言内容和语言形式所直接引发的审美感受,是学生审美创造最基本的要素。

理解是审美创造的关键。它是学生通过丰富的想象、深入的体悟将语言美的画面在头脑中呈现并凭直觉把握其意义的过程。比如,童话故事中真善美的内容,可以给予学生正向积极的心灵体验;聚焦那些描写人物外貌、神态等细节的词句,可以帮助学生体会人物的性格特征。

欣赏是审美创造的核心。它是指学生以独特的审美价值观对语言文字的内涵和特征做出价值判断的过程。唯有用欣赏的眼光去寻找,才能提升审美能力,不断发现美。

评价是审美创造的终极。我们经常说"鉴赏",其实似乎不如说"赏鉴"更好,评价就是"鉴"的过程,评价是感受、理解、欣赏之后的自我判断,同时要将自己的心得与他人交流分享。而在这样对语言文字进行相对理性的评价和判断的过程中,即在美的认识过程中所引发的一种爱的情感,叫作"审美欲望",会驱使学生对语言文字作品中的语言、形象、情感、思想等产生持续的回味、怀念和向往。情感永远是审美的核心,它促使学生不断地追求美、创造美。

三、单元统整：以学习任务群促进审美创造能力的提升

语文核心素养指明了目标设计的方向。语文核心素养的四个方面统领课程目标、教学目标的设计。语文核心素养的四个方面描述了概括性的预期的学习结果，需要借助具体的单元整体教学目标才能落实到课堂教学之中。以单元为整体的教学设计，上承课程标准中的核心素养培养要求，下启单次单课教学，帮助语文核心素养落地。单元整体教学目标连接了语文核心素养目标和课时教学目标，落实单元整体教学目标是语文核心素养落地的必经之路。

语文核心素养是一个四面体，每一个"以核心素养为导向"的大单元教学设计都应该把"语言运用""文化自信""思维能力""审美创造"考虑在内。只不过在看这个"多面体"的时候总有一个"正面"是看得最清楚的。所以我们就要精准地找到每个单元的"中心核心素养"，然后，围绕"中心核心素养"突出一个重点，细化具体内涵。我们可以把单元的"人文主题"和"语文素养"作为切入点。单元主题、人文主题和语文要素是确立单元教学目标的重要依据，也是判断单元"中心核心素养"的支撑。

例如，五年级上册第七单元有《四季之美》《鸟的天堂》《月迹》和《古诗三首》四篇课文。学生已经能初步体会课文中哪些是静态描写，哪些是动态描写，这一单元着重引导学生体会动态描写和静态描写的表达效果，旨在对学生的阅读鉴赏能力进行专项训练，梯度进阶，学生"踩着梯子摘桃子"并不是很难。本单元的阅读教学要让学生从字里行间感受到异域风光之美，口语交际和习作教学要让学生通过口头语言和书面文字创作展示风光之美。所以，本单元教学对标的学科"中心核心素养"是"审美创造"。而"审美创造"核心素养也以语言运用为基础，并在学生个体语言经验的发展中得以实现，所以本单元是以"语言运用＋审美创造"为"中心核心素养"的单元。

第二节 "三序合一"促素养提升实施路径

案例1 正向设计大单元教学策略——以四年级下册第三单元为例

一、核心知识序

（一）单元教材解读

从一年级开始，教材中就编排了现代诗，如一年级上册的《明天要远足》和

一年级下册的《一个接一个》，都是现代诗中的儿童诗。现代诗作为一种文体，它形式自由，分行排列，富有节奏感和韵律感。现代诗里有利用丰富的想象和联想塑造的鲜明的形象，即意蕴丰富的意象，现代诗创造出独特的意境，饱含着真挚丰富的思想情感。

儿童是需要"诗教"的，因为"诗"是情感和审美的产物，通过阅读诗歌，儿童能够"遇见"与自己的天性契合的灵性表达，他们的想象力、直觉思维和形象思维都能得到呵护和发展。为了让儿童以真切自然的状态与现代诗相遇，统编版语文教材在低年级编排的几乎都是儿童诗，因为儿童诗抒写的都是儿童的生活或者儿童感兴趣的事物，儿童诗的修辞也是儿童所熟悉和欣赏的，儿童诗的语言形象而活泼。当儿童以适切的方式大量接触儿童诗后，他们对现代诗就有了感性认识的积累，对其富有灵性的表达就会感到越来越亲切，越来越能够心领神会。随着学生生活经验的丰富、视野的不断拓展、言语思维能力的提升，统编版语文教材中编写的现代诗开始突破儿童诗范畴，内容上指向更广阔的生活和世界，内涵也随之更加丰富。

（二）关于人文主题

本单元围绕"现代诗歌"编排了三篇精读课文，分别是《短诗三首》《绿》《白桦》，一篇略读课文《在天晴了的时候》，以及综合性学习（轻叩诗歌大门）和语文园地。《短诗三首》选自冰心的诗集《繁星》，诗人用自己真挚的情感反复颂唱着爱的赞歌，其中对母爱、童真和自然的歌颂是最引人注目的主题。《绿》是艾青的一首现代诗，诗中描写了春天到处都是绿色，树木、小草在春风的吹拂下来回摆动，风是绿的，水是绿的，世界充满了绿。阅读链接选编了宗璞的《西湖漫笔》。《白桦》是俄国著名诗人叶赛宁的抒情诗，字里行间充溢着诗人对白桦由衷的喜爱、赞美和崇敬之情，其中更包含着诗人对民族的热爱，对祖国的炽烈情怀。诗歌是文化的瑰宝，在语文学习中占据重要地位。诗歌凝练生动的语言、优美深远的意境、真挚动人的情感、含蓄深刻的哲理为学生提供了丰富的审美教育资源，对培养小学生的审美能力，陶冶审美情趣，塑造健全人格具有重要的价值。

（三）关于阅读要素

本单元阅读要素为"初步了解现代诗的一些特点，体会诗歌的感情"。"初步了解诗歌的一些特点"是让学生通过本单元的学习，感受到现代诗的节奏感，体会现代诗歌的"音美""形美"；感受诗歌丰富的想象以及语言的独特，体会其"语美"；感受现代诗表达的真挚情感，感受其"意美"。

"体会诗歌表达的情感"是整个学习过程当中应当首要落实的语文要素。《短诗三首》的课后助学提示提到:反复朗读课文,体会诗歌的韵味。《绿》的课后题提到:"这首表现的'绿',是大自然的景象,更是诗人的感觉。"还有《白桦》的课后第二题。更值得关注的是语文园地"交流平台"中的总结,学生要充分领会和运用。本单元的教学活动设计要将重视朗读与感悟有机结合,因此"读出节奏—读出画面—读出情感"以及"一边读一边想象画面"是落实"体会诗歌表达的情感"这一语文要素的重要手段。此外,教师要让学生在多样化的实践中,阅读更多的现代诗,积累更多的现代诗,尝试写一写现代诗。综合性学习要"升级"为跨学科学习。教学中,教师要引导学生充分展开跨学科学习,让学生有真切的学习体验,通过源源不断地积累,丰富学生的审美感受,提升审美鉴赏能力。

（四）关于综合性学习

1. 统编版教材综合性学习单元纵向分析

统编版教材设置了"综合性学习单元"。语文综合性学习在小学语文教学中体现为一种学习方式,表现为语文知识与能力的综合运用、听说读写能力的整体发展、课堂学习与实践活动的紧密结合。《义务教育语文课程标准(2022年版)》优化了课程内容结构,加强了学科间的相互关联,更带动了语文课程的综合化实施,强化了实践性要求。

自三年级开始,每个年级下册各编排了一个综合性学习单元(图4-1)。其中,三、四年级下册的综合性学习是以单元内嵌入的形式,将综合性学习活动贯穿在整个单元学习中:单元导语页提出了综合性学习活动的任务;"活动提示"穿插在课后练习中,对活动进行具体的指导;安排了"综合性学习"这一板块,

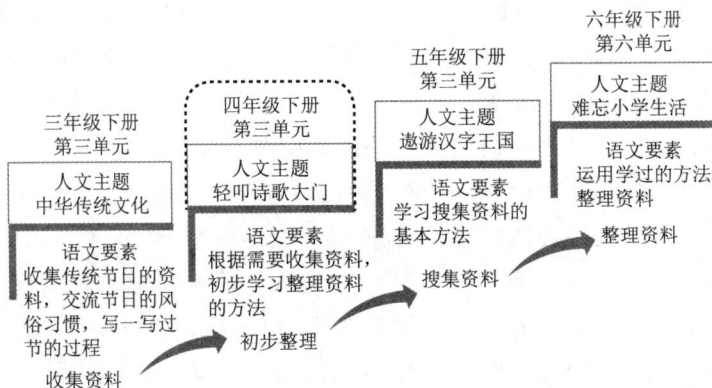

图4-1　综合性学习单元语文要素纵向关联

进行学习成果的总结和展示。而五、六年级的两次综合性学习是以独立单元的编排形式呈现的:单元导语页提出了综合性学习活动的任务,围绕活动主题,每个单元安排了"活动前言"和"活动过程"两个板块;教材在"活动过程"板块编排了"活动建议"和"阅读材料"两个部分的内容,不仅提出了要完成的学习任务,而且也对活动开展做出了阶段性的安排,还为学生顺利开展活动提供了必要的支持和引导。

综合性学习单元两种不同的编排形式,为学生提供了由易到难的学习路径。同时也在促进教师"创造性使用"统编版教材,通过重构、改造、整合等课程行动用"教材"来教,实现新课标对学生核心素养培养的目标。三至六年级综合性学习的目标不断深入,融合的知识内容越来越多,对学生综合能力的要求越来越高。

统编版教材的普通单元也与综合性学习有一些关联。三年级下册在整理资料环节提出:如果进行成果展示,还需要补充哪些材料?这为学生在四年级下册学习"根据需要收集资料"奠定了基础。为了让学生能够初步进行资料的整理,四年级下册第二单元编排了一个查阅资料的训练,给第三单元的学习做了有效的铺垫,这样的编排体现了教材的整体性。

2. 本单元综合性学习横向分析

四年级下册第三单元是"现代诗歌"单元,本单元指向"审美创造"核心素养,即通过感受、理解、欣赏、评价语言文字及作品,获得较为丰富的审美体验,具有初步"感受美、发现美和运用语言文字表现美、创造美的能力"。四篇课文以最为常见的"母亲"和"自然"为中心意象,向读者展现诗歌特点。

综合性学习单元与普通的阅读单元不同,整个单元板块都在落实"建设开放而有活力的语文课程""转变学生的学习方式"。综合性学习活动依托课文学习展开,活动渗透在每一篇课文的教学中,与阅读教学相辅相成,分步推进。《短诗三首》安排了"通过阅读报纸、杂志、书籍等方式,收集喜欢的现代诗""工整地抄写下来"的学习活动,是本次综合性学习的启动阶段。学生通过积累大量的现代诗歌素材,在搜集、阅读、摘抄的过程中触发学生的审美感知,增强审美体验。当学生有大量的现代诗知识储备后,《绿》一课适时引导学生学会整理手中的资料,是本次综合性学习的推进阶段。《白桦》延续了上一课的要求,安排了"交流自己摘抄的诗歌"和"当个'小诗人'写写诗,把自己的感受表达出来"的学习活动。创造性地编写能够刺激学生对美的理解和表达,为创编小诗集做准备。而在学习《在天晴了的时候》时,学生则重在学习朗诵技巧,在朗诵会上多途径呈现诗歌。本单元还设有"轻叩诗歌大门"主题综合性学习活动,通过开展"合作编小诗集""举办诗歌朗诵会"等活动,学生能够进一步了解诗歌,感受诗歌的魅力,是本次综合性学习的成果展示阶段。学生在品味语言文字的过程中,培养审美情趣,提升审美创造素养。

二、认知建构序

(一)核心素养指向的深度学习

"深度学习"的概念最早源于人工神经网络的研究,1976年瑞典学者弗伦斯·马顿和罗杰·萨尔乔将深度学习引入教育和学习领域,引起人们的广泛关注,相关研究逐渐兴起。国内关于深度学习的研究出现得相对较晚,伴随新一轮课改而逐渐展开。事实上,著名教育理论家杜威倡导的"做中学"就蕴含着深度学习的思想,他强调学生自主学习。我们不难发现,心理学家皮亚杰的认知发展理论、布鲁姆的教育目标分类学、布鲁纳的发现学习、奥苏贝尔的有意义学习等观点都包含着深度学习的理念。

自2014年开始,教育部课程教材发展中心组织专家开展深度学习的研究与实践;2016年11月,《深度学习及其意义》一文发表;2018年,《深度学习:走向核心素养(理论普及读本)》一书出版。深度学习在全国各地引起强烈反响,该理论既符合实际,又能够避免非此即彼的改革思路,是推进教学改革的一个好抓手。

1.深度学习的内容:有挑战性的学习单元

北京师范大学教育学部教授、博士生导师郭华在对深度学习进行界定时提到,学生要在教师的引领下,"围绕着具有挑战性的学习主题",全身心积极参与、体验成功、获得发展。这句话隐含着深度学习的内容,即"有挑战性的学习主题"。这是深度学习主张的学习内容组织方式,即改变孤立、平列、零散的知识点,主张教学内容以内在结构的方式构成学习单元。

学习单元具有整体性。学习主题是针对孤立且非结构化的零散知识点而提出的,它以结构化的、适合学生展开主体活动的方式来呈现有内在关联的内容。这样的内容既具有学科逻辑,又符合学生的心理发展逻辑,适合学生的主动学习,而且有利于促进学生多方面的发展。这样的学习主题,我们称之为"学习单元"。我们可以借用维果茨基在讨论学术研究对象时所讲的"单元"来说明教学内容的"单元"。维果茨基将单元界定为"不能再进一步分解的整体的活的组成部分,它们具有整体所固有的一切基本特性"。所谓"不能再进一步分解",言下之意,再分解就不是"活的"了。从教学视角看,非结构的、不断细分的、孤立的知识点,是使知识由"活"变"死"的重要原因之一;反过来,要让知识复活,先要通过内容组织,将零碎的知识点变成包含"整体所固有的一切基本特性"的单元。这样的单元具有整体的全部要素,能够代表整体,通俗地说,即"麻雀虽小,五脏俱全"。

第二,学习单元具有"挑战性"。对教师而言,单元学习要求教师在上每一节课之前,对单元内容有整体把握,即从学科整体和学生素养形成的角度俯瞰每一节课的位置和作用,整体安排学生在每一课时的活动内容与活动方式。对学生而言,学习单元的学习不再是知识点的各个击破,而是要求学生整体把握单元内容,形成整体认识,并建构自己的知识结构。因此,学习单元客观上要求学生不仅要学会知识,还要通过知识学习,形成整体观念和相应的能力,学会学习,获得发展。

第三,学习单元需要整体设计。对于教师来说,"教什么""怎么教"一直都是研究和关注的重点。事实上,"教什么"本身就意味着"什么东西不需要教"。明确了哪些东西不需要教,才能把有限的时间用于真正需要教的关键内容上,有些内容需要深度加工,有些则不需要。学生的未来水平或教学要帮助学生实现的发展水平应该确定为:无论学生自己怎么跳都"够不着",但在教师的帮助下学生能"够得着"。只有这样,教师才真正发挥了自己帮助学生拓展其发展空间的作用,也才能极大地激发学生的主动性和创造性。

2. 落实学生主体地位:教师是关键

深度学习强调:落实学生的主体地位,关键在教师。强调学生的学习,就是在强调教师的"教",强调教师的主导,反之亦然。深度学习是浅层学习的反义词、对立面。因为死记硬背、机械的浅层学习,不可能进入学生的内心,也不可能真正激发学生主动思考,不能引发学生主动学习。我们所说的深度学习,它并不停留于学生高阶思维的培养,而是要促进学生作为具体的社会历史实践主体的成长和发展。深度学习强调学生在学习知识的过程中,在教师的引导下,能够对所学的内容提出质疑、提出批判,即对所学的内容进行价值评判。这种价值评判本身就是社会实践,是在学习过程中对社会实践的自觉模仿。

(二)基于深度学习的认知建构实施路径

1. 动机唤醒

基于深度学习,思考单元内容的关联性与系统性,本单元属于"文学阅读与创意表达任务群"和"跨学科学习任务群"。与阅读单元相比,本单元具有较强的实践性和自主性,重视培养学生主动积极的参与精神。因此,我们创设了"我是小诗人"挑战赛的任务情境,并在此情境下创设了"我是小诗人"的主线任务。我们在主任务下设计了三个子任务,分别是诗歌诵读会、创写诗歌会、最强编辑部,每个子任务又对应各自的任务情境与一系列活动。富有挑战性的任务旨在激发学生的学习动机,引导学生在真实的情境下完成学习活动,在品读、感受、体验现代诗的过程中唤醒学生的审美欲望。

2. 梳理准备

当单元任务发布后,学生将在已有经验的基础上,围绕"现代诗歌"展开大量阅读,通过感受、欣赏现代诗歌,提升感受美、发现美的能力,通过梳理诗歌,学习整理材料的方法,为成果展示做好准备。

3. 感知体验

本单元的四篇课文以学生熟悉的"母亲"和"自然"为中心意象,展现了现代诗饱含情感、想象丰富、语言独特等特点。学生通过比较集中的现代诗学习活动,从不同维度初步了解现代诗文体的一些特点,学会鉴赏现代诗的一些基本方法,能够更准确地体会具体诗歌表达的感情,同时对阅读现代诗和尝试写现代诗产生浓厚兴趣。本单元旨在引导学生走进丰富多彩的诗歌世界,感知现代诗歌的特点,体会诗歌的情感。

4. 探究联结

在第一个"线上诗歌诵读会"的任务情境下,学习《短诗三首》。其中包含"诗歌诵读会"之诵读韵律美、"诗歌诵读会"之诵读情感美、"诗歌诵读会"之小组诵读挑战赛三个学习活动,旨在引导学生通过反复诵读,发现现代诗歌朗朗上口、句式自由、语言押韵、感情真挚的特点;关注事物,展开想象,感受、读懂诗歌情感;进而运用已学方法阅读其他诗歌,并以小组为单位在班级中展示。《绿》一课,学生在诵读的基础上,将手中搜集摘抄的资料进行分享交流,并分门别类地进行整理。《白桦》一课设置了"最美小诗人"任务情境,有"诗歌我会读""写法我探秘""诗歌我创编"三个学习活动。教师要引导学生关注事物,展开想象,并通过补充作者资料及其他资料,感悟白桦树的精神品质。另外,学生可以利用写诗的小妙招来自主选择改写诗歌或创作诗歌,通过小组合作的方式交流、展示、评价。学生运用已掌握的语言文字抒发自己对生活情感和美好事物的感受,创造性地表达自己的审美理解。《在天晴了的时候》旨在引导学生多途径、多形式地呈现诗歌,如诗歌与音乐、视频、舞蹈、歌唱、绘画等形式的结合,创设审美情境,打造丰富高效的审美课堂。

5. 迁移应用

经过精读学习中任务活动的发布和推进,在最终的综合性学习"轻叩诗歌的大门"中创设了"合编小诗集"这一任务情境,主要有"收集诗文:分享收集诗歌的途径""精选诗文:明确精选好诗的标准""分类编排诗歌集""给诗集起名字、设计封面、封底及插图""回顾总结诗集制作步骤"五个学习活动。这些活动将"诵读诗歌""创编诗歌"等方法进行迁移应用,并将语文与美术学科相融合,实现跨学科主题学习,进一步发挥美术学科的美育功能,引导学生从主题选择、艺术构图、表现形式三个方面,不断挖掘诗歌的精神内涵,不断提升学生对语言文字、自然社会和艺术的审美能力,在感受文字美、诗歌美的同时,实现审美鉴赏能力和情感感知能力的提升。最终,基于之前的阶段性评价,对本次综合性学习的综合评定、梳理与反思,学生再次立足单元学习盘点收获,展望愿景。

"语文园地"的"交流平台"对现代诗的这些基本特点进行了回顾和梳理,帮助学生将零散模糊的认知清晰化,使其初步了解现代诗的一些特点。"词句段运用"引导学生对现代诗的积累进行了交流,并进行迁移运用。

认知建构序旨在核心知识序的基础上,将单元知识进行创造性地建构、重组,顺应学生发展,在"我是小诗人"挑战赛的真实情境中,以进阶的任务促学习,凸显学生主体地位,实现学生核心素养的发展。

三、学习活动序

通过认知建构序对学习任务的构建,学习活动序旨在设计朗读、合作、表演等具体可行的结构化学习活动,层层递进,助推学生学习。

（一）综合性学习启动——《短诗三首》

激趣导入,任务发布。发布任务,提高学生的学习积极性。创设"诗歌诵读会"的真实情境,为学生叩开现代诗歌的大门,交流搜集的作者简介材料,了解冰心,了解《繁星》,交流合编小诗集的想法。（活动方式:交流）

任务一:"诗歌诵读会"之诵读韵律美。通过自读小诗,感受和之前所学文章的不同,发现诗歌的特点,继而引入诗歌情感的体验。（活动方式:朗读）

任务二:"诗歌诵读会"之诵读情感美。走近小诗,初读感受。聚焦"月明",借助思维导图展开想象,进而读好诗歌。聚焦"藤萝",入景入情,丰富想象,感受温馨静谧的画面,读懂冰心对母亲的思念与爱。学生通过"关注诗中的具体事物,展开丰富的想象,读懂诗歌情感"的方法更好地体悟诗歌,品好与读好诗歌,为综合性学习做好铺垫。教师展示悲伤的朗读,出示冰心的成长资料,了解诗歌背景,感受诗中更多的情感。拓宽学习思路,补充搜集资料,寻找更好地读懂诗歌情感的方法,激发学生的课外求知欲,更好地读懂诗中的情感,实现由课内走向课外。（活动方式:朗读、绘制思维导图、拓展延伸）

任务三:"诗歌诵读会"之小组诵读挑战赛。语文学习任务群的第一个核心词就是"学习",凸显了学生学习的主体地位。后两首诗歌的学习放到小组中进行。先由学生讨论读好诗歌的标准,然后按照自己总结的标准,借助任务单开展最美朗诵者活动。(活动方式:朗读、鉴赏、讨论)

任务四:"诗歌诵读会"之诵出心中情。将本节课学的方法学以致用,激发学生的创作激情,为后面"创写诗歌会"的学习做好铺垫。学完《短诗三首》后,学生可以把自己在"诵出心中情"中创编的小诗歌展示在班级布绒黑板上,相互展示交流,品读诵读,为接下来的"创写诗歌会"做准备。同时,学生可以根据自己的喜好收集、摘抄课外现代诗歌,教师将学生课外收集到的诗歌张贴在班级的宣传栏或侧黑板上,让全班学生都能诵读、欣赏,在班内打造诵诗、品诗、创诗的氛围。(活动方式:创写、展示、讨论)

(二)综合性学习推进——《白桦》

导入新课,走进诗歌。回顾整理短诗特点,创设"创写诗歌会"的情境,学生化身小诗人参与其中。(活动方式:整理)

任务一:"诗歌我来读"——细读课文,感受白桦。学生用"关注事物,想象画面"的方法,读好诗歌,圈画词句,说说眼前浮现的画面。拓展作者叶赛宁的资料卡,了解他笔下的白桦,不仅外形美,还象征了高洁的民族精神。(活动方式:朗读、圈画、拓展)

任务二:"写法我探秘"——小组合作,探索方法。通过"作者是怎么把这么美丽高洁的白桦写出来的呢"这一问题,引发学生思考,以锦囊的形式,小组合作探究写好诗歌的小妙招,总结写法:"的"字短语、有节奏、押韵、关注环境写出变化。(活动方式:讨论)

任务三:开启"创写诗歌会"。通过帮助同学改诗、自编诗歌的活动,推选组内"最美诗歌",并进行全班"最美诗歌"评选。教师引导学生热爱写诗、乐于写诗,体会诗歌的魅力。(活动方式:创作、鉴赏、评价)

(三)综合性学习展示——《轻叩诗歌的大门》

回顾承接,任务驱动。课前,请学生用自己喜欢的方式朗读自己喜欢的课文内容,并在微信公众号上进行投票,分享两位得票数最高的学生的作品,请其他学生欣赏并点评。教师布置任务,邀请学生为手拉手学校的同学制作诗集,激发学生编排诗集、争当金牌编辑的兴趣和动力。(活动方式:朗读)

任务一:收集诗文,分享收集诗歌的途径。总结梳理前期学生收集现代诗的途径,并结合学情,链接信息技术课程,复习回顾使用搜索引擎输入关键词查找信息的方法,并提升学生搜索的有效性。通过分享诗歌网站,进一步引导学生拓宽收集资料的渠道,丰富收集信息的方式方法。(活动方式:梳理、演示)

任务二:精选诗文,明确精选好诗的标准。教师展示学生投票选出的最喜欢的 15 首现代诗歌,以《纸船》《乡愁》为例,开展分享与交流。一方面,总结梳理前期学生收集诗歌、理解诗歌的学习成果,另一方面,引导学生能结合自己的阅读体验,梳理、总结现代诗歌的特点,能有根据地精选诗歌,同时能通过朗读进一步感受诗歌的情感,激发对诗歌的学习兴趣。(活动方式:讨论、朗读)

任务三:分类编排。在本环节中,充分发挥学生的自主性,请学生翻看手中的诗集,自主探究目录的编排方式,并能通过小组合作的方式确定编排目录,能对自己收集的诗歌进行整理。同时,邀请专家讲解,激发学生的学习兴趣,进一步深化对诗歌意义的理解。(活动方式:讨论、整理)

任务四:给诗集起名字,设计封面、封底及插图。将语文与美术学科相融合,实现跨学科主题学习,进一步发挥美术学科的美育功能,引导学生从主题选择、艺术构图、表现形式三个方面,不断挖掘诗歌的精神内涵,不断提升学生对语言文字、自然社会和艺术的审美能力,在感受文字美、诗歌美的同时,实现审美鉴赏能力和情感感知能力的提升。(活动方式:创意表达、鉴赏)

回顾总结诗集制作步骤。总结回顾诗集编排步骤,推荐专业的网站,启发学生根据小组的诗集目录,继续搜集需要的诗歌,完善诗集。对本次综合性学习进行综合评定、梳理与反思,与单元学习之初的单元概览相呼应,引导学生总结收获,继续开展诗集编排活动。(活动方式:总结、梳理)

四、"三序合一"整合分析

本案例"三序合一"的梳理(图 4-2)包含以下步骤。

核心知识序——明确"教什么"。本单元依托新课程标准,立足学生核心素养发展,重在培养学生的"审美创造"能力。本单元属于"文学阅读与创意表达"及"跨学科学习"任务群,定准大基调,继而对本单元知识进行系统性的教材纵向分析和单元横向分析,把握单元目标定位,明确每一课需要达成的审美能力点。

认知建构序——"怎么教"。在"我是小诗人"挑战赛的真实情境下,设计"我是小诗人"的主线任务。在主任务下设计了三个子任务,任务一诗歌诵读会旨在通过大量现代诗阅读给予学生丰厚的知识载体,逐步形成独特的审美感受,有追求美的欲望,进而运用方法展开多种形式的诵读,在读中培养学生的审美理解和鉴赏能力。任务二创写诗歌会旨在通过学生自主创编小诗歌,融入自己独特的感受和体验,将自己的审美通过书面表达的形式呈现出来。任务三最

图 4-2 "三序合一"实施基本思路

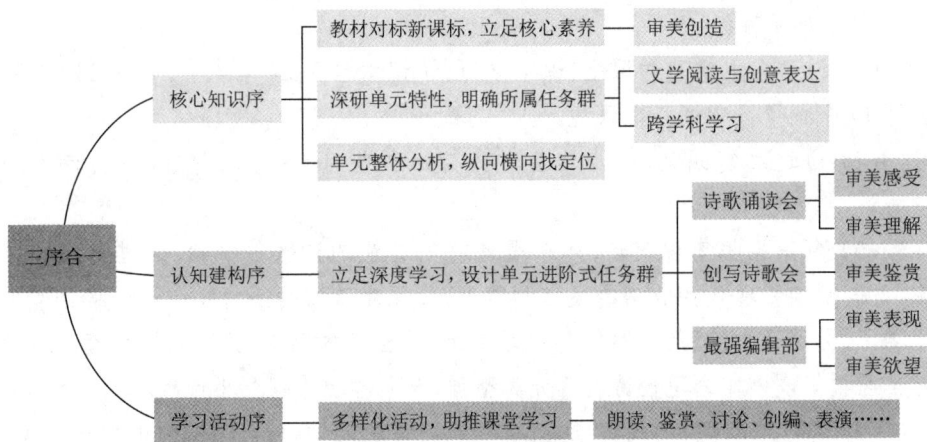

强编辑部的制作诗集、给诗集起名字、加封皮、绘插图等富有挑战性的任务激发了学生的学习动机,使学生的审美表现逐渐丰富,在品读、感受、体验现代诗的过程中学生的审美欲望被唤醒,学生的审美创造能力逐步提升。这样既顺应了学生发展,又将知识巧妙地进行建构统整,形成系统的学习单元。

学习活动序——"怎么学"。单元任务群融合朗读、鉴赏、讨论、创编、表演等活动方式,每个子任务又对应各自的任务情境与一系列活动。开展适合学生审美能力发展的学习活动,助推学生课堂学习,实现"三序合一",提升学生核心素养。

四年级下册第三单元具体教学实施

一、核心知识序

(一)单元主题及内容简析

本单元主要学习现代诗歌,阅读要素为"初步了解现代诗的一些特点,体会诗歌的感情"。综合性学习目标为"根据需要收集资料,初步学习整理资料的方法"。"合作编小诗集,举办诗歌朗诵会",诗歌是文学宝库中的瑰宝,叩击着一代又一代人的心灵。本单元选编了不同作家、不同风格的四篇中外现代诗歌作品,有冰心的三首短诗、艾青的《绿》、苏联诗人叶赛宁的《白桦》和戴望舒的《在天晴了的时候》。虽然现代诗并非在教材中第一次出现,但以往都是以单篇课文的形式出现,此次以单元整组编排的形式呈现,旨在引导学生走进丰富多彩的诗歌世界,初步了解现代诗的一些特点,体会诗歌的情感。四篇课文的学习旨在引导学生发现美、理解美,最终在综合性学习活动中表现美。

（二）单元目标

（1）通过自主学习和课上、课下学习，认识本单元29个生字，会写23个字，会写17个词语。背诵指定课文。

（2）通过反复朗读，初步体会现代诗的一些特点；借助想象，体会诗人的情感。

（3）多途径收集现代诗，能多渠道收集喜欢的诗歌并摘抄，通过阶段性交流，进一步丰富现代诗收集的渠道和类型，加深对诗歌的感受和体验。结合本单元学习，尝试通过续写、仿写等方式写诗，表达自己的感受，并和同学交流。同时对自己收集或创作的现代诗进行分类整理，与同学合作编写小诗集。

（4）通过班级商讨，制订方案，举办班级诗歌朗诵会，能用合适的语气朗读，表情、体态自然大方。

（5）通过园地探究学习，能梳理、总结和提炼方法，并学以致用。

（6）激发学生学习诗歌的热情，通过感悟文学宝库中的瑰宝，培养自己的审美创造能力。

（三）语文要素

1. 纵向解读

阅读要素：现代诗的语言比较浅显易懂，学生已有学习现代诗的经验。低、中年级学生主要借助想象来获得初步情感体验，中年级学生要学会欣赏诗歌语言，联系自己的生活体验来深入感受诗歌情感，高年级学生要学会分析诗歌的细节、写法，总体上循序渐进。

综合性学习要素：三、四年级以单元内嵌入的形式将综合性学习活动贯穿在整个单元学习中，而五、六年级是以独立单元的编排形式呈现。本单元次综合性学习活动主题是"轻叩诗歌大门"，要求"根据需要收集资料，初步学习整理资料的方法"，这是对三年级下册综合性学习单元语文要素"收集传统节日的资料"的巩固和提升。本单元的综合性学习活动依托课文学习展开，与阅读教学相辅相成，分步推进。

2. 横向分析

《短诗三首》为综合性学习的启动阶段，要求学生能够借助多种途径收集喜欢的诗歌，并写在摘抄本上。《绿》要求学生尝试探索整理诗歌的方法；《白桦》要求学生试着写诗，表达自己的感受；《在天晴了的时候》要求学生运用技巧，多形式朗读。"轻叩诗歌的大门"是成果展示阶段，要求学生进一步根据需要整理资料，并通过合作编诗集、办诗歌朗诵会等方式展示收集和整理资料的成果。

3. 核心素养

语言运用、审美创造。

4. 任务群

文学阅读与创意表达、跨学科学习。

二、认知建构序

（一）单元大任务

基于单元内容的关联性与系统性,本单元创设了"我是小诗人"挑战赛的任务情境,并在此情境下创设了"我是小诗人"的主线任务,并在主任务下设计了三个子任务,分别是诗歌诵读会、创写诗歌会、最强编辑部,每个子任务又各自对应不同的任务情境与一系列活动。

（二）单元任务群设计

本单元的任务群设计见图4-3。

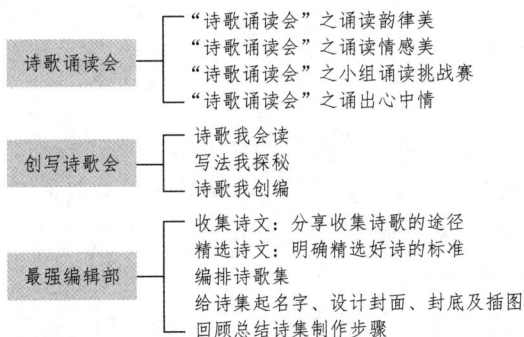

图4-3 四年级下册第三单元任务群设计

三、学习活动序

《短诗三首》

（一）学习内容

本文的三首短诗均出自冰心的第一部诗集《繁星》,对母爱、童心和自然的赞美是其永恒的主题。该诗集由164首短诗组成,本课选用了其中的第71、131、159首短诗,并按顺序编排。

《繁星（七一）》紧扣"回忆"一词展开。第一、二行点明了"这些事"是"永不漫灭的回忆"。第三、四、五行运用三组结构相同的短语,营造出具体的情境,一方面将回忆的场景具象化,另一方面为回忆的内容留下了想象的空间,体现了诗人对母亲的依恋和母爱的温馨。《繁星（一三一）》中,诗人由大海联想到星光和花香,并通过比较,说明了大海对于在海边长大的诗人而言,影响深远。首行直抒胸臆,接着用三个反问句体现诗人对于大海的情感,就如同星星有光辉,花儿有香气一样,是自然而然、始终如一的。这首诗的第二、三、五行最后一个字分别为"光、香、响",读起来朗朗上口。《繁星(一五九)》和第一首诗相似,也表达了诗人对母亲的依恋。诗人首先将情感化为一句感叹,接着采用比喻的手法,把自己比作小鸟,把母亲的怀抱比作鸟巢,并由自然界的"风雨"过渡到"心中的风雨",当"风雨"来临,心底最无助的时候,母亲的怀抱便是自己的倚靠,说明母亲永远是自己心灵的温暖港湾。诗中两处"风雨"的内涵有别,"天上的风雨"指狂风暴雨等恶劣天气,"心中的风雨"则是指现实生活中遇到的挫折与苦难。

三首现代诗虽然短小,却饱含深情,意蕴丰富。

(二)学情分析

学生已有现代诗的学习经验,能初步感受现代诗歌富有节奏的特点,在由韵律美过渡到情感美的过程中,学生的感悟理解是难点。

(三)学习目标

(1)随文识字,认识"漫、涛"两个生字,借助图片、小儿歌把"繁"写正确、写美观。(记忆)

(2)通过反复朗读,初步感受现代诗歌富有节奏的特点,借助"圈画关键事物,展开丰富的想象"的方法,体会冰心对母爱与大自然的赞颂,初步感受现代诗歌想象丰富和感情真挚的特点,并借助这些特点读好现代诗,读出自己独特的感受。(理解、分析、思维方法)

(3)能够学以致用,借助短诗三首的形式,通过回忆生活中的美好事物,仿写诗歌,表达出生活中美好的感情。能够主动收集整理现代诗歌及诗人的相关资料,准备摘抄本,摘抄喜欢的现代诗歌。(应用、创造、思维方法)

(四)本课任务

通过三首短诗的学习,唤醒学生的审美感受,提高审美鉴赏能力。学生通过反复诵读,发现现代诗歌朗朗上口、句式自由、语言押韵、感情真挚的特点,通过四个层次,进而感受诗歌的情感美:走近小诗,初读感受;聚焦"月明",展开想象;聚焦"藤萝",入景入情;补充资料,丰富感情。从而总结出"关注事物,展开想象,读懂情感"的读诗方法。学生通过小组合作的方式,运用本节课学到的读诗方法阅读其他的诗歌,并以小组为单位在班级中展示。学生运用任务二中学会的方法,回忆生活中的美好事物,以短诗三首的诗歌形式为支架仿写诗歌,表达自己内心真挚的情感,并为《白桦》一课中的创编诗歌打好基础。

（五）学习活动

▶ 激趣导入,任务发布

（1）创设情境:同学们,好消息,四年级"我是小诗人"挑战赛开始啦！从今天起,我们将一起叩开诗歌的大门，走近现代诗歌的学习。我们不仅要挑战"诗歌诵读会",还要参加"创写诗歌会",甚至还要挑战"最强编辑部",合作创编小诗集呢。

（2）交流作者简介,了解冰心,了解《繁星》。交流合编小诗集的思考。

（3）聚焦"繁"字,相互提醒关键笔画。借助图形把"繁"字写正确、写美观。

（4）教师范写,学生练写,进行星级自评。

【落实目标】任务发布,创设"诗歌诵读会"的真实情境,为学生叩开现代诗歌的大门,从"品诗""诵诗"到最后的"写诗",都围绕着"诗歌诵读会"的情境展开,让学生在诵读的主任务中开展自主、合作、探究学习,让语文学习真正发生。

▶ 任务一:"诗歌诵读会"之诵读韵律美

（1）自读小诗,感受和之前的文章有什么不一样。

（2）这些小诗都十分短小,读起来朗朗上口,很有节奏感。学生练读,感受诗歌的节奏感。

（3）引发质疑:当好最美诵读者,你们觉得仅仅读好节奏感就可以了吗?

（4）教师引导:我们还要走进诗歌,读好诗歌中蕴藏的情感,才能让听众也感受到诗歌的美,你才能成为"最美诵读者"。来,让我们一起走近第一首小诗吧！

（5）精读课文,读出诗歌情感之美。

▶ 任务二:"诗歌诵读会"之诵读情感美

1. 走近小诗,初读感受

让我们先来读读第一首小诗,读完了想想你有什么感受,可以在文中圈画一下。

2. 聚焦"月明",展开想象

（1）刚刚有很多同学很喜欢这样"月明"的夜晚,我们应该再熟悉不过了。让我们展开想象,在这样月明的园中,你眼前浮现了怎样的画面?

（2）你看,透过"月明"我们看到了这幅温馨的画面,请学生带着理解读。

（3）出示八月十五月亮的图片,引导学生交流想象,展开朗读。

（4）补充更多的画面,引导学生展开想象,进行交流,读出画面感。全班读。

（5）教师总结:丰富的想象也能够帮助我们诵读好诗歌。

3. 聚焦"藤萝",入景入情

（1）同学们读得多好呀！刚刚有同学想到妈妈给我讲故事,有的想到妈妈给我摇着蒲扇哄我睡觉,刚刚我还听见有人说想到妈妈和我一起玩老鹰捉小鸡呢。你更喜欢哪一个呢？我们再来读读这首小诗。

（2）请学生交流,觉得哪个画面更好。

（3）教师总结:我们展开想象感受到了这种温馨静谧的画面,让我们再一次读懂了诗人对母亲的思念与爱。让我们把这种思念与爱读出来。

（4）学生练习,配乐朗读。

4. 补充资料,丰富情感

（1）教师展示悲伤的朗读,出示冰心的成长资料。

（2）你看,当我们了解了作者的生平,了解了诗歌背后更多的故事的时候,我们就会想到更多的画面,就能读出诗歌不一样的情感和韵味。她可是个百岁老人,人生旅途可谓跌宕起伏,同学们课下可以再做了解,感受更多诗中的情感,你还可以读得更好。学生自己练习,全班展示个人朗读。

（3）总结:我们这节课圈画关注了具体的事物,展开了丰富的想象,进而读懂了诗的情感。这是读好诗的小锦囊,也是品好诗的小锦囊。

【落实目标】聚焦于学生学习的难点,利用"关注诗中的具体事物,展开丰富的想象,读懂诗歌情感"的方法更好地体悟诗歌,品好与读好诗歌,为综合性学习做好铺垫。拓宽学习思路,通过搜集资料更好地读懂诗歌情感,激发学生的课外求知欲,更好地读懂诗中的情感,实现由课内走向课外。

▶ 任务三:"诗歌诵读会"之小组诵读挑战赛

1. 开启"诗歌诵读会"之小组诵读挑战赛

全班交流如何读好现代诗歌,讨论商定获奖标准。整理要点:富有节奏、想象丰富、感情真挚。

2. 小组合作

学生自选一首诗,通过圈画具体的事物,展开丰富的想象,读懂诗歌的情感。小组合作,用自己喜欢的方式展示诵读。

3. 展示点评

自选配乐朗读,小组之间相互点评。

【落实目标】"做中学、用中学,创中学"凸显了学生学习的主体地位。后两首诗歌的学习放到小组中进行。先由学生讨论出读好诗歌的标准,然后按照自己总结的标准,借助任务单开展最美朗诵者活动。

▶ 任务四:"诗歌诵读会"之诵出心中情

（1）教师引导:这个小锦囊不仅是读诗的小锦囊,还是写诗的小锦囊。回想我们的生活中有那么多美好的事物与回忆,你最想写写哪些你觉得美好的感情或感受呀?

（2）让学生回想那些充满了爱的人和事,眼前浮现了哪些画面,聚焦在最打动自己的事或物上,同桌互相交流。

（3）总结:我们选取了最打动我们的事物表达自己记忆里最独特的情感,也打动了其他同学,我们都是小小创作家!

（4）小结收获,发布综合性学习任务。

【落实目标】将本节课学的方法学以致用,激发学生的创作激情,为"创写诗歌会"的学习做好铺垫,在班级内打造诵诗、品诗、创诗的氛围。

▶ 总结收获,布置作业

（1）背诵课文。学生上传自己的诵读视频,可以加上表情和手势,参加"线上诗歌诵读大会"。

（2）学生可以通过阅读报纸、杂志、书籍等方式,收集自己喜欢的现代诗歌。准备一个摘抄本,把它们工整地抄写下来,注意写清楚作者和出处。

▶ 板书设计

9. 短诗三首

繁星　　　　　繁　　　　　获奖标准
想象　　　　　　　　　　　富有节奏
　　　　　　　　　　　　　想象丰富
　　　　　　　　　　　　　情感真挚

案例2 逆向设计大单元教学策略——以三年级上册第七单元为例

"三序合一"教学法之正向设计充分尊重和顺应学生的学习认知规律,通过顺应学生学习的"认知建构序"引领教师站在学生的视角分析学习过程,定位"怎么教"。而逆向设计则有趣得多,将教师日常生活中提倡习惯的做法进行"翻转"。要求教师作为设计者在开始的时候就要详细阐明预期结果,即学习优先次序,并根据学习目标所要求或暗含的表现性行为来设计课程。

《追求理解的教学设计》一书提出:"逆向设计是一种设计课程或单元的过程,在设计开始时就已经在脑海里清楚其结果,并且为了达到该结果而进行设计。"在双减背景下,更要不断优化课堂学习效率,所以"以终为始"的逆向设计教学理念似乎更符合现在的学习环境。

逆向设计的中心词是"理解先行"。在"为理解而教"时,教师必须牢记——我们是引导学生用表现展示理解能力的指导者,而不是将自己的理解告知学生的讲述者。逆向设计认为,有效教学首先要考虑学习要达到的目的是什么,即"去往哪里"。只有一开始在头脑中想好结果和目标,才能依据预期结果设计好"如何前往"的路径。恰好统编版教材构建了以语文要素为统领的目标导学价值体系,明确了每个单元的读写重点,遵循读写一致的理念,为我们的逆向设计提供了很好的目标导向和抓手。在此情况下,教学挑战更多地来自如何将一望而知的目标转化为高效走实、轻负有趣的可供迁移的学生的学习过程和教学设计,这些教学过程是否真正地促进了学生的理解,使之能顺利实现所学知识在新问题、新情境中的迁移,以及怎样去合理地检验与评判学习的达成度。作业是目前教师日常教学中最主要的评价方式,如何用好作业合理评价学生学习的效果,这些都是逆向设计中教师面临的挑战以及需要深入思考的地方。

下面我们就以"语言运用 + 审美创造"为中心核心素养的单元为例,详细分析从"三序合一"教学法之逆向设计的路径出发,探索用作业倒逼课堂,用作业倒逼单元语文学习任务群的设计,展开大单元教学。

一、核心知识序

与"三序合一"教学法的正向设计相比较,我们迈出的第一步是相同的,那就是首先要找准起点。我们依旧还是要通过课标分析、教材纵横定位以及学情调研等活动,找准学生学习的起点,确定单元大概念,确定教学目标,规划本单元明确的预期结果。然后,收集学生真正学会了的证据。最后,教学目标在前,学生学会的证据在后,二者形成合力,共同倒推教学过程。

在市南区三年级上学期第七单元语文教研中,郝俊雪老师和张海峰老师在执教《大自然的声音》和《读不完的大书》两课时,首先一起站在单元整体的角度,对核心知识序进行了梳理。

(一)宏观看课标

宏观层面,我们要关注语文课程标准。本单元是统编版三年级上册第七单元,根据《义务教育语文课程标准(2022 年版)》的理念,本单元指向发展型学习任务群中的"文学阅读与创意表达"任务群。按照学段要求,中段学生要达到"阅读描绘大自然、表现人类美好情感的诗歌、散文等文学作品,结合自己的生活体验,尝试用文学语言表达自己热爱自然、珍爱生命的情感"的能力水平,这指向提升孩子的语言建构能力,指向培育"语言运用+审美创造"核心素养。按照市区教研精神,我们对本单元进行纵横定位。《义务教育语文课程标准(2022年版)》强调了审美感知素质中"感受积累"能力的重要性,并分学段对"感受积累"提出了明确的要求。

"喜欢阅读,感受阅读的乐趣。阅读浅近的童话、语言、故事,向往美好的情境,关心自然和生命,对感兴趣的人物和事件有自己的感受和想法,并乐于与他人交流。"

——第一学段【阅读与鉴赏】目标

"积累课文中的优美词语、精彩句段,以及在课外阅读和生活中获得的语言材料······乐于与同学交流。"

——第二学段【阅读与鉴赏】目标

"体会作品的情感,受到优秀作品的感染和激励,向往和追求美好的理想。"

——第三学段【阅读与鉴赏】目标

《义务教育语文课程标准(2022年版)》明确了第一、二、三学段学生应有的审美感知能力,提出了关于感受语言优美的初步要求。旨在引导学生观察、感受自然与社会,表达自己独特的体验与思考,尝试创作文学作品。《义务教育语文课程标准(2022年版)》相应学段的"教学提示"也指出可以在"主题情境中,开展文学阅读和创意表达活动,引导学生感受文学之美,表达自己的独特感受,促进学生的精神成长"。所以,本单元对学生审美创造核心素养的培养十分重要。

(二)纵横看定位

中观层面,我们要从纵向统览全套教材。本单元以"我与自然"为主题,本单元的语文要素是"感受课文生动的语言,积累喜欢的词句"。习作要求是"留心生活,把自己的想法记录下来"。本单元围绕人文主题与语文要素编排了《大自然的声音》《读不完的大书》《父亲、树林和鸟》三篇课文,这三篇课文与学生的生活和自然观察息息相关,也和前面的第五单元有关,蕴含着人与自然和谐相处的美好情感。语文园地的"交流平台"引导学生梳理总结摘抄的基本方法,主动积累生动的语句。口语交际是身边的"小事",习作主题为"我有一个想法"。

我们从纵向关注教材语文要素的编排入手,本单元第一条语文要素"感受课文生动的语言,积累喜欢的词句"指向"感受"与"积累",我们发现统编版教材中有五处内容与"感受"与"积累"有关。三年级上册第一单元第一次要求学生关注有新鲜感的词语和句子;三年级上册第七单元,即本单元,要求学生感受课文生动的语言,积累喜欢的语句;三年级下册第一单元要求学生体会优美生动的词句;四年级上册第三单元要求学生体会文章准确生动的表达,感受作者连续细致的观察;五年级第八单元要求学生感受课文风趣的语言。

　　本单元第二条语文要素"留心生活,把自己的想法记录下来"指向"观察",比第五单元"仔细观察,把观察所得写下来"的要求更注重积累和运用,并且我们要引导学生把视角转向更广阔的生活空间,表达自己的想法。通过分析,我们发现关于"感受积累"能力的语文要素是前后勾连的,说明部编版教材注重单元目标的纵向梯度和学生思维的深度发展。我们只有清晰地了解所教单元在整个体系中的具体定位,才能更加精准定位单元和每一课的教学,这也是核心知识序的意义。

　　从整个语言学习的要素安排来看,三年级上册第七单元的定位应该是:在语言实践活动中,大量接触语言材料,学会积累、摘抄自己喜欢的语句,并表达自己的想法。

(三)重点看单元

　　微观层面,我们要关注整个单元以及每一课,确定单元及课时目标。

　　知识本身有内在逻辑,处在某一知识体系中。我们对三年级上册第七单元进行了梳理,如表 4-1 所示。

表 4-1　三年级上册第七单元重点课时目标梳理

课时	语言学习目标	语言特点
《大自然的声音》	体会描写大自然声音美妙的生动词句,并能写写美妙的声音	(1)将想象融入描写事物中。 (2)各种描写声音的词语
《读不完的大书》	体会描写大自然好玩东西的生动语言,并能仿写大自然这本"读不完的大书"	(1)大量贴切的四字词语 (2)将感受融入描写食物中。 (3)有画面感,词句与段落间充满了连续丰富的想象
《父亲、树林和鸟》	从对话中体会父亲爱鸟,感受修饰词连用的生动语言,并积累相关词句	(1)修饰词连用的语言表达。 (2)对话式的语言描写
语文园地	通过交流学习摘抄的方法,养成批注、积累的阅读习惯。观察例句,发现规律,并进行仿、造句子练习	(1)使用了顶真的修辞手法。 (2)使用"得"字的句子

　　"感受积累"这一中心线还体现在口语交际关于自身独特的感知想法在生活中的应用以及习作"我有一个想法"中。因此,设计任务群大情境时要把课

文、语文园地、口语交际、习作串联起来,构成有序的知识序。单元整体教学是培育学生核心素养的重要方式,是实现语文核心素养落地的必经之路。

二、认知建构序

本环节,教师可以根据对单元的分析,将单元学习内容进行拆分与有机整合,明确知识的优先学习次序,以形成逻辑自洽的认知建构序。

单元教学目标为本单元规划了明确的预期结果。要知道,最好的课程不只是对学习内容的覆盖,还要根据预期学习效果设计最合适的体验、任务和评估,因此,本单元的教学将沿着"三序合一"教学法之逆向设计的路径展开,设计学习路径。下面,我们以三年级下册第七单元为例,具体阐述逆向设计理念下的教学实施路径。

▶ 阶段一:确定预期结果,发布表现性任务

依据本单元所确定的目标,预期学生:

将会知道(K)——

(1)什么样的语言是生动优美的(值得积累的)。

(2)生动优美的语言会带来丰富的阅读体验及独特感受。

(3)语言文字积累越丰富,越能在表达时写出生动优美的词句。

将会理解(U)——

丰富的语言积累可以助力准确生动地表达。

将能够(D)——

(1)会分类积累好词。

(2)在阅读过程中,摘抄生动语句,写下自己的感受,并尝试背诵。借助抄写、仿写等积累生动的语句。

(3)留心生活,把自己对一件事的想法清楚地写出来。

基于以上分析,我们确定了两个重点单元学习目标。

(1)感受课文生动的语言,积累喜欢的词句。

(2)留心生活,把自己的想法记录下来。

通过"核心知识序"中的分析,通过纵横单元解读,以及对课后题的研究,我们明确了本单元对学生的要求。

(1)会分类积累四字词语、拟声词、描写声音的词等好词。

(2)摘抄描写感受的生动语句,背诵文中的拟人句、有画面感的词句、有两个及以上修饰词的句子、使用顶真的句子、"得"字句。

（3）能留心生活，记录自己的想法。

基于以上分析，我们将单元内容进行重组，细化学习的预期结果，将单元目标拆解成一个个学习子目标，确定学习内容的优先次序，即课时学习目标，完成了三年级上册第七单元教学规划，如表4-2所示。

表4-2　三年级上册第七单元教学规划

单元目标	学习目标	学习内容	课时规划
1. 感受课文生动的语言，积累喜欢的词句	1. 会分类积累好词（四字词语、拟声词、描写声音的词……）。 2. 能与生活联系起来想——能想	《大自然的声音》语文园地"语句段运用"1	2课时
2. 留心生活，把自己的想法记录下来	1. 摘抄积累使用拟人、有画面感的语句，写下自己的感受并尝试背诵。 2. 能连续想——有一定创意	《读不完的大书》语文园地"语句段运用"2	2课时
	1. 摘抄积累有两个及以上修饰词的句子，了解顶真的修辞手法。 2. 能留心发现——形成判断	《父亲、树林和鸟》语文园地	3课时
	能留心小事——表达看法	口语交际	1课时
	能记录现象，写清楚想法，有改进办法	习作：我有一个想法	3课时

确定了预期目标，就需要根据理解与目标创设主情境、明确单元学习主任务。为了让学生对学习充满期待，同时渗透职业生涯教育理念，我们将学习情境创设为"鼓励学生体验记者职业，开展自然和社会采风之旅"。之所以创设这样的情境，是因为考虑到学生对于记者的职业体验是充满好奇与期待的，并且记者需要具备会观察、有自己独特的感受、在采风中能够形成自己的看法并表达出来等素养，而这些素养刚好与本单元需要达成的能力素养相契合。

单元主任务发布语：同学们，大自然是美好生动的，只要用心体会就能感受到大自然的美；我们的生活中，每天都在发生各种各样的事情，留心观察，也会发现很多有意思的地方。让我们都来做善于观察和表达的小记者吧，看谁有善于发现的眼睛和最会表达的嘴巴，最会表达自己的感受与看法！

单元主任务主题：小记者采风记。

我们设置了两个分支任务。

（1）小记者自然采风记。

（2）小记者社会调查记。

▶ 阶段二：确定评估证据，进行多维评价

第二阶段需要根据理解与目标设定评估任务。我们鼓励进行逆向设计的教师要"像评估员一样思考"，思考如何确定学生是否已经达到了预期的理解。

学生学会的证据有很多：回答问题的状况、评价、当下学习的状态、作品等。在一线的教育教学中，作业是非常重要的检验学生学习成果的工具，所以我们就可以把作业的完成度作为主要学习证据。

基于单元整体的语文学习任务群的要求，作业应该满足以下三个方面的要求。

（1）聚焦单元主题，体现学习构建的整体性。

（2）依托任务群设计，体现学习建构的递进性。

（3）借助多元评价，体现学习建构的发展性。

接下来，教师应进一步思考：本单元作业内容以及作业的载体又是什么呢？

有效的作业不单是让学生进行模仿与记忆，还要让学生动手实践、自主探索与合作交流加深对知识的理解，多渠道获得广泛的数学活动经验。基于确定的主情境和主任务，我们设置什么样的作业载体，才能让学生利用好载体，持续发力呢？我们想到了以"记者手记"为载体，安排作业任务，帮助学生在整个单元学习中感受和积累好词佳句，形成自己的随感，有自己的创意。

以"记者手记"为作业载体，以作业任务驱动学生在真实情境下自主学习，基于大单元任务群的教学理念，我们将本单元主任务分解为三个子任务。

任务一：小记者之自然采风之旅

学习21课《大自然的声音》和22课《读不完的大书》以及词句段运用，了解大自然的美妙之处，畅聊大自然之美，完成"自然采风"记者手记1和记者手记2。

任务二：小记者之社会采风之旅

学习23课《父亲、树林和鸟》和语文园地及口语交际，走入社会，记录"社会现象"，留心小事，形成自己的判断，表达自己的看法，甚至提出自己的意见及改进的办法。完成社会采风记者手记3。

任务三：召开小记者新闻发布会，举行颁奖典礼

整理"记者手记"手札，聚焦自然与社会现象，思辨如何创造美好生活，表达自己的想法并提出建议，完成《我有一个想法》新闻稿。召开新闻发布会，全班进行交流评价。评选出班级内本年度"最具影响力的小记者"，并进行表彰。

我们可以在表4-2的基础上增添"收集学会证据"，即"作业呈现"，确定如何收集证据以确定学生达到既定的课时学习要求，以"记者手记"这一作业推

动各阶段显性评价,即"学生学会证据",确保逐级完成每个子目标,最终达成单元总目标。

在课堂上,学生尝试完成"记者手记",感知生动的语言文字,激发审美欲望,进行课内的积累摘抄;课后,激励学生继续用好"记者手记",鼓励学生走向课外,积累生动的语言,持续提高审美感知能力,实现持久的学习。最后,将审美创造的目光由自然转向社会,用"真善美"的眼睛,用"自我价值观"的评判标准,来观察与审视社会现象,聚焦社会中的小事,敢于记录与表达,将自己的创意想法甚至是改进措施记录在"记者手记"中,实现审美创作素养由低级的"感知"走向终极的"评价",引导学生实现由低阶向高阶思维能力的蜕变,让学生明白"语文源于生活"。

表4-3 三年级上册第七单元教学规划及预期作业呈现

单元目标	学习目标	学习内容	课时规划	收集学会的证据（作业呈现）
1. 感受课文生动的语言,积累喜欢的词句。 2. 留心生活,把自己的想法记录下来	1. 会分类积累好词(四字词语、拟声词、描写声音的词……)。 2. 能与生活联系起来想——能想	《大自然的声音》语文园地"语句段运用"1	2课时	
	1. 摘抄积累使用拟人、有画面感的语句,写下自己的感受并尝试背诵。 2. 能连续想——有一定创意	《读不完的大书》语文园地"语句段运用"2	2课时	

单元目标	学习目标	学习内容	课时规划	收集学会的证据（作业呈现）
	1. 摘抄积累有两个及以上修饰词的句子，了解顶真的修辞手法。 2. 能留心发现——形成判断	《父亲、树林和鸟》语文园地	3课时	
	能留心小事——表达看法	口语交际	1课时	
	能记录现象，写清楚想法，有改进办法	习作：我有一个想法	3课时	整理"记者手记"手札，修改完善《我有一个想法》新闻稿

在课前、课中与课下，我们可以用好"记者手记"这一作业载体，追溯学生学习的效果。根据学生对于"记者手记"的理解、运用及完成度，随时诊断学生的学习效果。"记者手记"作为一种表现性任务，让学生的学习成果可视化，我们可以借此不断收集学生"学会"的证据，根据学情随时调整教学策略，引导学生进行自主、探究学习，最终完成学习目标。而在从"起点"走到"终点"的过程中，教师只是路径的设计者和学生遇阻时提供解决工具的点拨者，抵达目标的过程要由学生自己完成。

阶段三：设计学习体验与教学，收集过程性证据

逆向教学设计以学生的"学"为起点，以评估为先导，针对可预见的教学结果挖掘学生学习取向，发挥学生的主体性，从而让教师的"教"有了更高的品质。

在"追求理解的教学设计——逆向设计"理论的指导下，基于语文学科的特点，我们要在学生学习的过程中不断进行反馈，收集学生的学习证据，我们将本单元逆向设计的教学路径整理如下。

1. 学习准备：诊断寻疑

学生明确并理解学习目标，为完成目标表现性任务做准备。准备阶段，我们可以通过"前测""预学单"等方式进行诊断性评价，收集学情证据，把握学生学习的起点，预估难点。

2. 体验试错：挑战遇疑

学生在真实情境中为了达成任务目标而不断学习，在自主探究学习的过程

中不断遇到问题,尝试解决问题。体验试错阶段,我们需要继续收集学习证据,汇总学生能自主解决的以及学生未解决的共性和个性问题。

3. 解疑顿悟:支架点拨

"顿悟"是指学生领会到自己学习的动作和情境,特别是和目的物之间的关系。教师聚焦学生学习过程中的难点,进行点拨,教师给予合适的学习工具,搭建起学习支架。同时,收集学生真正学会的证据。

4. 合力探究:持续反馈

在团队探究合作中,学生察觉到学习方法与目标任务之间的关系,进行学习迁移。教师需由扶到放,给予学生更高层次的挑战,进行持续的关注与反馈,收集学生运用新方法完成目标任务的证据,进行形成性评估。

5. 达成分析:单元调整

对学生的学习成果进行收集,对标目标,进行总结性分析。教师要针对学生的最近表现对教学单元做出调整,对未预设到的、产生偶然教学事件的地方进行调整,以便更好地达到教学目标。

也就是说,在设计学习体验与教学环节时,我们要在教学过程中不断收集证明学生学会的证据。这些教学过程中的证据可以是回答问题的状态、学习的状态,完成的作品、作业。

本单元的语文要素"感受课文生动的语言,积累喜欢的语句"强调审美创作前的积累,"留心生活,把自己的想法记录下来"强调审美创造作过程,指向终极审美境界"评价"。以语文语言运用为基础,让学生的审美创作能力逐步进阶,提升学生的审美核心素养。对语言文字的审美较为抽象,对于三年级的学生来说有一定的难度。因此,教师在设计本单元教学活动时,要抓住"感知语言美"的单元整体阅读目标,引入大单元任务群教学,以任务为引领,在教学过程中不断收集学生学会的证据,帮助学生化解阅读教学中的重难点问题,感知语言的鲜活美、节奏美和丰富美,进而落实语文要素要求,提示学生审美创造的核心素养。

从"学习准备"入手,发布表现性任务,让学生为本单元的学习以及目标任务做好准备。学生已经理解并明确本单元的主任务为小记者采风,在为时两周的时间里体验做小记者,并且完成"记者手记"的采风手札,最后撰写新闻稿,召开"新闻发布会",全班评选出"最具影响力的小记者"。三年级的学生已经开始使用摘抄本,尝试摘抄与积累,在此阶段,教师可根据学生的准备表现,进行"诊断寻疑"。我们在开始单元学习前,就告知学生我们需要当小记者进行自然采风,自己可以先收集和整理有关大自然的文章和诗句。我们收集了学生的课前积累摘抄作业,发现学生会摘抄"有新鲜感""拟人化"的词句,但不会分类积累词语,也不知道什么样的语言为"生动的语言",没有掌握感知欣赏"生动语言"的审美能力。这便是"寻疑"。

从而进入下一环节"体验试错",学生在明确目标任务之后,便迫不及待地想要着手去完成,也就是完成一张张"记者手记"。而在前期"确定评估证据"时,我们已经将单元学习总目标拆分为一个个难度逐级递增的课时学习子目标,并把课时作业作为学习子目标的评估依据,从作业逆向倒推单元教学环节。那么,在每节课中,教师也要在确定预期课时目标与课时评估证据后,倒推课堂教学环节,进行"以终为始"的课堂教学设计,以确保课时子目标的达成,进而一步步接近单元总目标。

我们以本单元《大自然的声音》为例,阐释具体课时的逆向教学设计过程。

《大自然的声音》是统编版小学语文教材三年级上册第七单元的第一篇课文,浅显易懂,生动有趣。本单元的语文要素是"感受课文生动的语言,积累喜欢的语句"以及"留心生活,把自己的想法记录下来",指向"文学阅读与创意表达"任务群,指向以语言运用为基础的"审美创作"核心素养。《大自然的声音》这篇课文用生动的语言将人们习以为常的声音描绘成美妙的乐曲,写得丰富鲜活、妙趣横生。

本堂课的设计以单元语文要素为主线,以课文内容为学习范例,引导学生有层次性地深化学习,在语文实践中落实语文要素。对于"感受课文生动的语言,积累喜欢的语句",学生还是有一定基础的。这节课就在学生原有的基础之上,引导学生品味语句,体会有关词句表情达意的作用,并进行多种形式的朗读,让学生运用本课所学的方法,借助题目,初步落实本单元的语文要素。

由此,我们确定了本节课的学习目标。

(1)通过分类积累,认识"呢喃细语"等词语。按照撇捺舒展、结构紧凑原则,写好"奏、琴、受、器"。认识多音字"呢",结合语境,根据字义读准读音。

(2)找到关键句,并填写在图表中,了解文章的主要内容,理清课文主要内容。

(3)借助好词好句,读好第二至第三自然段并尝试背诵,体会大自然声音的美妙。

(4)联系生活谈感受写批注,体会描写声音词句的生动,积累并尝试仿写运用。(重点、难点)

基于本课《大自然的声音》的课时目标,将"记者手记"作业作为本课最终评估证据,以此指导课堂学习与教学环节,让学生在任务的驱动下进行自主、探究、合作学习,在学习过程中不断试错,寻找解决办法,即"试错体验"。针对本节课的学习目标,我们进行了课堂活动设计,并且一一预设各环节如何对学生的课堂表现进行评估,收集学生学会的证据,进行"教与学"的活动设计。为了阐述清楚,我们针对本节课的"联系生活谈感受写批注,体会描写声音词句的生动,积累并尝试仿写运用"这一重点、难点目标进行了教与学的活动设计,如表4-4所示。

表4-4 重点、难点目标教与学的活动设计梳理

学习目标	相关评价任务	教学活动 (重要环节)	学生表现 (收集学会的证据)
联系生活谈感受写批注,体会描写声音词句的生动,积累并尝试仿写运用	任务一:采风前的考验 将词语进行分类连线。 任务二:聆听音乐会 (1)阅读第二自然段,找一找风这位音乐家的乐曲哪里美妙?在你觉得美妙的词语下面用"△"号标记,并说一说你的感受。 (2)自主学习,小组合作交流:学习第三或第四自然段,找出美妙之处,完成"采风手记",小组交流,展示成果。 任务三:创作音乐会 为小鸟创作音乐解说词。它们的声音让你联想到什么,完成仿写。 任务四:作业 基础作业:完成记者采风手记。 拓展作业:① 可以用我们的眼睛、鼻子、嘴巴等继续观察大自然,再完成一份或几份采风手记。	任务一:读词语,将词语进行连线分类 班级内交流多种分类方法。 任务二:(搭建学习支架) (1)圈画批注,1~2人交流感受。 (2)学习"圈画美妙词语,联系生活谈感受"的方法,带着感受朗读,感受语句的生动。 (3)使用"圈画美妙词语,联系生活谈感受"的方法,修改批注,再次练习,同桌互相交流中感受语句的生动优美。 (4)用学会的方法自主学习其余两段,小组间交流生动的语句及感受,准备展示。	全班100%的学生能够完成学习单连线题,在积累词语时初步形成分类意识。至少有3位学生回答不同的词语分类方法。 全班100%的学生能够学会在书上第二自然段用"△"号标注好词并能说说感受。 100%的学生能够在小组合作中完成"采风手记"的相关内容,全部小组完成合作汇报任务;小组讨论过程中进行巡视,重点聆听3~4个小组的讨论过程,进行点拨。 请至少两组学生展示交流成果。请其他学生进行评价。 三星级创作要做到试着围绕一个意思写。 四星级创作还要运用生动的语言。 五星级创作要联系生活,写出自己的随想。 至少90%的学生完成五星级解说词。10%的学生需要课下单独辅导。

学习目标	相关评价任务	教学活动 （重要环节）	学生表现 （收集学会的证据）
	② 借助联系生活谈感受的方法阅读本课阅读链接《瀑布》		100％的学生完成记者采风手记作业,80％的学生能够完成拓展作业

我们看到,本节课在突破"联系生活谈感受写批注,体会描写声音词句的生动,积累并尝试仿写运用"这一重点、难点目标时,设置了由浅入深的四个相关评价任务,由学生主动完成。每个任务下预设"学生的学"与"教师的教"的过程,并确定每个任务环节能够"评估学生学习成果"的具体指标,收集学生"学会的证据",层层深入,环环相扣。

《追求理解的教学设计》一书中说:"给定一个值得完成的任务后,我们如何使每位学生都获得最佳装备？"学生在完成相关任务时会出现各种问题并尝试解决,教师要预设学生可能会遇到的困难,锚定"教学重点难点",搭建有效学习的支架,提供学习工具的支持,帮助学生从"不会"到"会",并及时收集学生学会的证据。

我们预设在学生试错找不到方法时,将进入"解疑顿悟"的环节,本节课中我们想给予学生的是方法类"支架"——圈画好词,联系生活谈感受。学生以此感受到语言的生动,产生尝试朗读与积累的内部动力。我们也进行了四个层次思维提升的环节设计。

层次一:先引导学生聚焦第二自然段的"呢喃细语",联系生活展开丰富的联想,再由生活的感受回归课本,思考"呢喃细语"的微风给你怎样的感受,把感受写在旁边。再带着感受进行朗读,进一步感知大自然的美妙,感知语言的生动优美。

层次二:让学生体会"用'△'圈画词语找美妙之处,联系生活谈感受"的好处后,尝试运用该方法修改自己的课本批注,全班学会填写第一张"记者手记"的内容,掌握这种积累的好方法,增强学生信心。

层次三:掌握学习支架后,教师放手,给予学生更高层次的挑战。"合力探究"环节,让学生再使用这种方法,小组合作学习水和小动物音乐家的句段,小组合作完成第二张"记者手记"的内容,即进行合作摘抄与感悟。以上环节再次增加学生对生动语言积累的学习体验,这既是审美感知的过程,也是训练摘抄方法的过程。

层次四：迁移训练，让学生运用本节课所学的方法为"鸟儿"撰写解说词。实现审美创作由"输入"到"输出"的转变，实现由"审美"到"创作"的升华。

在四个由浅入深的层次中，实现学生的深度学习，审美创作素养的层层浸入。我们要在学生深度学习的过程中进行"持续反馈"，收集学生学会的证据，进行"达成分析"，根据学生的表现和掌握程度不断地调整教学策略，进行"单元调整"。

"教，是为了学生更好地学。"教学层层推进，目标明确，学生学得兴趣盎然，教师也能够精准地从各个环节中收集学生学会的证据。当然，本节课的最终评估证据——作业"记者手记"的提交完成度最值得分析，我们可以以此确定学生是否达成本节课的教学目标，为下一课《读不完的大书》的学习做好铺垫。

以上就是本节课有关"联系生活谈感受写批注，体会描写声音词句的生动，积累并尝试仿写运用"的学习重点、难点的教学设计。学生既达成了目标，也学习了有效方法，还完成了最终任务。同时，学生的审美创作核心素养得到全面提升。

其实，本单元的作业"记者手记"中的模块设计也指向提升"审美创造"能力的各个阶段。在"小记者自然采风"主任务中，《大自然的声音》《读不完的大书》和《记者手记》中的"美好之处"指向审美的感受与理解，而"随感""创意表达"指向审美的欣赏与评价。《大自然的声音》一课通过圈画好词佳句，联系生活写感受，打开审美创造的大门，唤醒学生对审美感知的期待；《读不完的大书》一课通过连续想象，丰富画面感，打通文字与画面的桥梁，让情景更具画面感，提升学生的审美理解能力。在"小记者社会采风"主任务中，《父亲、树林和鸟》"口语交际""写作""记者手记"中的"留心小事""看法及改进方法"指向审美的欣赏与评价，指向更高层次审美价值观的塑造。《父亲、树林和鸟》走进人物内心，唤醒学生对人性与社会的真善美的审美感知，学生开始形成自己的判断；"口语交际"及"写作"对学生进行高级审美思维的培养，学生对于社会形成积极审美观念，敢于表达自己的想法，走向审美创造的终极——审美评价。本单元中，我们以"记者手记"为载体，以"作业"逆向设计，倒推课堂教学环节，最终指向"审美创作"核心素养的提升。学生在一步步的审美感知中走向自我创作，从自然走向社会，从课本走向自我，形成自己的审美价值观。

三、学习活动序

对重难点和"试错体验""解疑顿悟""合力探究"板块需要多个学习活动

的支持有清晰的认识,并谨记学习活动要符合学情,有利于建立更多新知与旧知、与生活的联系,从而让教学的流程更加优化,教学环节更加有序,实现"学习活动的结构化"。

本单元主要推荐的学习活动是朗读。于漪、钱梦龙等一批语文名师都善于运用朗读唤醒学生的审美意识,创造性地开展美读,引领学生与文本世界对话,感受文本中的"美"元素,使学生渐入阅读学习的佳境。

本单元为语言文字运用为基础的"审美创作"核心素养单元,为培养学生的"审美创作"素养和对语言文字的感知,展开多种形式的"朗读"教学是课堂中很重要的活动。朗读,不仅要读出声音、读出感情,更要读出自己对文本的理解,读出书中灿烂的世界。从朗读走向美读,是唤醒审美意识、陶冶审美情趣的首选途径。

教材中的文本文质兼美,教师要通过各种朗读方式,引导学生"发现美""感知美"。朗读,将安静的文字转化成有声语言;朗读,将文学作品演绎成有张力的画面;朗读,将读者置身于情感漩涡中感受美的熏陶。学生学会朗读,能够丰富语言积累,培养语感。比如在《大自然的声音》一课中,教师让学生"圈出美妙之处,联系生活说感受"后,让学生带着自己的感受进行个人、同桌、小组合作多种方式的朗读,通过朗读感受文中词句的生动优美,唤醒审美意识,感受文本美,进而激发学生自主积累运用的动力。在《读不完的大书》一课中,教师引导学生圈出"好玩的有趣的事物",配乐朗读有趣的句子,唤醒与文字的情感联结。又引导学生"连续着想,丰富画面",增强文字句与句、段与段之间的画面联系,想象着画面进行个人、小组合作朗读。学生在朗读中不断丰富头脑画面,展开丰富的想象,感受词句的优美生动。

本单元我们提倡各种形式的读,个人读、同桌读、小组读、分角色读、表演读……学生不管作为朗读者还是听众,在朗读的过程中,身心都融入无法言说的美妙的言语情境中,并产生共鸣。

三年级上册第七单元具体教学实施

一、核心知识序

(一)单元主题及内容简析

《大自然的声音》是统编版小学语文教材三年级上册第七单元的第一篇课文,浅显易懂,生动有趣。第七单元以"我与自然"为主题,编排了《大自然的声音》《读不完的大书》《父亲、树林和鸟》三篇课文。本单元的语文要素是"感受课文生动的语言,积累喜欢的语句"。《大自然的声音》这篇课文,用生动的语言将人们习以为常的声音描绘成美妙的乐曲,写得丰富鲜活、妙趣横生。

(二)单元目标

(1)通过自主学习和课上、课下学习,认识23个生字,读准1个多音字,会写36个字,会写47个词语。了解撇和捺舒展的书写特点,写好"父""及"等八个带有撇、捺笔画的字。背诵指定课文。

(2)通过分类积累词语、抓住关键词句联系生活、想象画面、连续想象等方法谈谈阅读感受,尝试写批注,体会文中词句的生动,读懂课文的内容,感受大自然的乐趣。

(3)能梳理总结摘抄的基本方法,形成主动积累语言、主动摘抄的意识,并学以致用,完成"记者手记"。

(4)能留心观察生活,形成判断,清楚地写下生活中的某种现象以及自己对此的想法。

(5)能通过留心生活小事,在小组中简单讲述身边的令人感到温暖或不文明的行为,并清楚地表达自己的想法,通过小组合作,交流个人想法,汇总小组意见。

(6)激发学生积累与表达的热情,通过感悟文学宝库中的瑰宝,培养自身审美创造能力。

(三)语文要素

1. 纵向解读

本堂课的设计以单元语文要素为主线。基于课后题和课堂作业本的题目,以课文内容为学习范例,引导学生有层次地深化学习,在语文实践中落实语文要素。对于"感受课文生动的语言,积累喜欢的语句",学生还是有一定基础的。这节课就在学生原有的基础之上,引导学生品味语句,体会有关词句表情达意的作用,并进行多种形式的朗读,让学生运用本课所学方法,借助题目,初步落实本单元的语文要素。

2. 横向分析

《大自然的声音》为小记者采访任务的启动阶段,要求学生开始初步尝试分类积累好词,并尝试联系生活谈感受,做批注,完成初次"记者手记"的摘抄。学习《读不完的大书》时,学生摘抄积累使用拟人、有画面感的语句,写下自己的感受,并尝试连续想象,感受创意的表达,然后完成"记者手记自然采风"的内容。在《父亲、树林和鸟》"语文园地"中,学生摘抄积累有两个及以上修饰词的内容,写一写感受,了解顶真修辞手法。学生通过留心发现,形成自己的判断;在

"口语交际"中能留心小事,表达看法,完成"记者手记社会采风"的内容。"小记者新闻发布会"是成果展示阶段,结合"习作:我有一个想法"的要求,让学生进一步整理自己手中所有"记者手记"的内容,梳理现象,总结想法,聚焦一件生活小事,提出改进办法。然后,通过新闻发布会、记者颁奖会等方式展示学生收集和整理资料的成果。

3. 核心素养

语言运用、审美创造。

4. 任务群

文学阅读与创意表达、跨学科学习。

二、认知建构序

(一)单元大任务

基于单元内容的关联性与系统性,本单元创设了"小记者挑战赛"的任务情境,并在此情境下创设了"我是小记者"的主线任务,并在主任务下设计了以下两个子任务。

(1)记者采风手记——学生要记录一本有关自然与社会采风的采风手记,并进行整理与交流。

(2)小记者新闻发布会——学生要留心生活点滴,发现需要改进的问题,写清楚现象与想法以及改进的办法或建议,撰写文章《我有一个想法》。

每个子任务又各自对应不同的任务情境与一系列活动。

三、学习活动序

《大自然的声音》

(一)学习内容

首先,要欣赏课文的意境之美。读课文时,仿佛置身于大山之中,四周树木茂盛,溪水潺潺,蝉鸣鸟叫,时有动物出没,让人心旷神怡。其次,要欣赏课文的音乐美。有时像柔和的手风琴,有时像清越的笛声,时而"大弦嘈嘈",时而"小弦切切",一会儿是男低音,转而又成了女高音,有领唱还有合唱,像民族音乐又像交响乐。最后,还要欣赏课文的语言之美。整齐的句式表现出一种整齐之美:"不一样的树叶,有不一样的声音;不一样的季节,有不一样的音乐。""当微风拂过……当狂风吹起……""小溪……,河流……,大海……""走在公园里……,坐在一棵树下……,在水塘边散步……"这些长长短短的句子,同中有异,错落有致,读来节奏分明。大量的叠词和拟声词让文字有了声音,传递着情感:轻轻柔柔、敲敲打打、呢喃、滴滴答答、叮叮咚咚、淙淙、潺潺、哗啦啦、叽叽喳喳、唧哩哩。学生在朗读中感受美,欣赏文章的意境美、音乐美和语言美。

（二）学情分析

学生已有摘抄的基础经验，能够初步分类摘抄词语，能够联系生活谈感受、写批注。体会描写声音词句的生动，积累并尝试仿写运用，是这节课的教学重难点。

（三）学习目标

（1）通过分类积累，认识"呢喃细语"等词语。按照撇捺舒展、结构紧凑原则，写好"奏、琴、受、器"。认识多音字"呢"，结合语境，根据字义读准字音。

（2）找到关键句，并填写在图表中，了解文章的主要内容，理清课文主要内容。

（3）借助好词好句，读好第二至第三自然段并尝试背诵，体会大自然声音的美妙。

（4）联系生活谈感受写批注，体会描写声音词句的生动，积累并尝试仿写运用。

（四）本课任务

通过对课文内容的学习，能够借助已有学习经验，分类积累好词，比如四字词语、拟声词、描写声音的词，初步唤醒学生的审美感受。学生通过抓住这些好词好句，能尝试与生活进行联系，表达自己的感受，尝试写批注，全班合作完成"风先生"的"记者手记"。学生总结"圈画词语找美妙之处，接着联系生活写随想"的摘抄积累的方法，小组合作完成"水"和"动物"两位音乐家的"记者手记"，通过小组合作的方式尝试完成一份"记者手记"，并展示交流，强化积累摘抄方法。最后，学生学以致用，为"小鸟"音乐家创编解说词，由积累到表达，从"输入"转向"输出"。课下，继续将作业作为检验学生是否学会的标准，学生阅读描写大自然的文章，继续用"记者手记"积累摘抄。

（五）学习活动

▶任务一：采风前的考验

导语：当小记者可不是那么简单的，在采风之前我还得考验考验你们。你们对自己有信心吗？

活动1：识字挑战，词语分类

问题1：检查预习。课前大家认真预习了课文，生字词语都会读了吗？先自己测试一下吧。

请一位学生挑战，其余学生跟读。

问题2：引导学生将词语进行分类，先在学习单连一连。全班交流讨论分类方法，并说说自己的分类理由。

小结：我们可以通过分类的方法更快地积累这些词语。

问题3：出示多音字"呢"，交流读音。

出示字典中的解释。当它做拟声词时读 ní,我们可以根据字义读准字音。

找一位学生再来读一读,大家一起读。

【学习目标分解】

(1)能够读准词语。

(2)能够用不同的方式给词语进行分类。

【学习达成反馈】

全班 100% 的学生能够完成学习单连线题,在积累词语时初步养成分类意识。至少有三位学生回答了不同的词语分类方法。

活动 2:静心写字,共商方法

问题 1:出示"奏"字。交流记忆方法。教师重点提醒注意"天"的捺要变成点。

老师还要提醒大家关注它的撇捺(撇捺分开:撇捺分开才能写得舒展)。还有哪些带撇捺的字要写舒展呢?（出示所有带撇捺舒展的生字）

(1)伸出手指,我们一起来写一写撇捺舒展的"奏"字:撇捺舒展分两边,天字最后得变点,结构紧凑才好看。

(2)接下来,我们从这些字中挑出两个在你的学习单上写一写,一个字写两遍。摆好写字姿势:身正、肩平、足安,一尺、一寸、一拳。开始!

(3)对照学习单上的评价标准,自己评一评你能得几颗星(符合一项标准得一颗"★")。

评价标准:

(1)撇捺舒展★。

(2)结构紧凑★。

(3)卷面整洁★。

恭喜大家都通过了我的考验,相信你们都能成为一名优秀的记者。小记者们,我们快走进大自然的音乐会场吧!

【学习目标分解】

能够写好"奏"字,做到:

(1)撇捺舒展。

(2)结构紧凑。

(3)卷面整洁。

【学习达成反馈】

当堂随走批阅,95% 的学生能够写好写美观这个字,5% 的学生需要课下个别辅导。

第二课时进行当堂听写,全班 100% 的学生都能把这个字写对、写漂亮。

◑ 任务二:填写音乐家档案

活动1:找关键句完成档案

(1)填写风先生的档案。这次音乐会的主题叫作"大自然美妙的声音",有三位神秘的音乐家就藏在我们的课文当中,老师找到了一位——风,完成了他的音乐档案。请同学们大声朗读课文,找到课文中的关键句,并完成其他两位音乐家的音乐档案,开始吧!

(2)第六单元学习了借助关键句理解一段话的意思,引导学生借助关键句梳理课文的主要内容。

◑ 任务三:聆听音乐会

导语:音乐会马上就要开始了,小记者们,我们先走近第一位音乐家——风。你瞧,他演奏着手风琴来了。

活动1:读读第二自然段,风是大自然的音乐家

问题1:确实如音乐会的主题所说,音乐家们演奏的声音十分美妙动听,请同学们读一读第二自然段,找一找风这位音乐家的乐曲哪里美妙?在你觉得美妙的词语下面用"△"标记。并说一说你的感受。

(1)抓"呢喃细语"。

① 什么是呢喃细语?在生活中谁也会这样轻轻柔柔地跟你呢喃细语?会跟你说什么啊?

预设:温柔的妈妈,慈爱的奶奶。这呢喃细语的微风给你什么样的感受?你可以把自己的感受写在旁边。

你能带着这样的感受来读一读微风的句子吗?

② 师:这位同学圈出呢喃细语,联系生活想到了……然后我们把感受写在这个词语的旁边,就能更好地体会到微风声的美妙。

(2)修改后交流。

师:接下来请同学们用这种方法圈画一个你觉得美妙的词语,并在旁边写一写你的感受。

师:我们来听听大自然中的微风是什么样的?我请同学来读读这句话。

师:瞧,狂风来了,谁能读出狂风的威力。

朗读:是啊,狂风可是整个森林演奏出来的雄伟乐章,我们一起来读。

师:前面写微风轻柔,后面写狂风雄伟,这是一首变奏曲,咱们也来合奏,我请一位女生读微风,其他女生跟她一起读,再请一位男生读狂风,其他男生跟他一起读。男生也可以温柔,女生也可以有力量,换一换。(男女合作读)

（3）挑战背诵。

风的变奏曲真是美妙生动,你们能借助老师的提示填出这首曲子吗?谁来挑战背一背这一段?

出示"记者手记",总结方法:在风的音乐会上,我们先是圈画词语找美妙之处,接着联系生活把自己的随想写在书上,学会了这个方法,对记者工作可是有很大帮助的。其实你有没有发现,在学习的过程中,你完成了一份记者采风手记,老师在课下也整理了一份关于风的记者采风手记,我们不仅可以把好词摘抄下来,还可以积累好的句子。

【学习目标分解】

（1）能够学会"圈画美妙的词句,联系生活谈感受"的方法。

（2）能够带着感受读好课文,背诵课文内容。

【学习达成反馈】

全班100%的学生能够学会在书上第二自然段用"△"标注好词并能说说感受。

活动2:小组合作填写手记

（1）完成第三自然段——水也是大自然的音乐家和第四自然段——动物也是音乐家,小组合作为水和动物填写"记者手记"。

（2）小组交流,合作汇报。进行师生互评、生生互评。

【学习目标分解】

能够运用"圈画美妙词句,联系生活谈感受"的阅读方法进行小组合作学习,并带着感受读好美妙语句。

【学习达成反馈】

（1）100%的学生能够在小组合作中完成"采风手记"的相关内容,全部小组完成合作汇报任务;教师在小组讨论过程中进行巡视,重点聆听3～4个小组的讨论过程,进行点拨。

（2）请至少两组学生展示交流成果,其他学生进行评价。

▶任务四:为小鸟创作音乐解说词

活动1:迁移运用,创编五星解说词

（1）你们听,来了一群小鸟,他们也想当音乐家,你能帮帮他们,为他们创作音乐解说词吗?你听到小鸟叽叽喳喳的声音联想到了什么?你听到咕咕咕咕的声音又联想到了什么?其他声音让你想到了什么?

（2）你们的联想可真有意思,请大家借助思维导图和老师出示的填空自己尝试写一写,为小鸟创作音乐解说词之前要了解一下我们评价的星级标准。

出示"星级标准"。

三星级创作要做到试着围绕一个意思写。

四星级创作还要运用生动的语言。

五星级创作要联系生活，写出自己的随想。

（3）学生创作后进行全班的交流分享。以星级标准为依据，进行师生互评、生生互评。

（4）进行总结：各位小记者，我们今天的大自然采风之旅就到这里了。大自然包罗万象、丰富多彩。当你走进大自然，留心去观察，相信你一定会有新的发现。

【学习目标分解】

（1）能够学以致用。仿照课文为鸟儿写解说词。

（2）能按照星级标准来写。

【学习达成反馈】

至少90%的学生完成了五星级解说词。10%的学生需要课下进行单独辅导。

▶任务五：布置作业，分层拓展

基础作业：完成记者采风手记。

拓展作业：

（1）可以用我们的眼睛、鼻子、嘴巴等继续观察大自然，再完成一份或几份采风手记。

（2）借助联系生活谈感受的方法阅读本课阅读链接《瀑布》。

【学习达成反馈】

100%的学生完成记者采风手记作业，80%的学生能够完成拓展作业。

▶板书设计

聆听音乐会

风　水　动物

圈画美妙之处

联系生活写随想

▶课时作业设计

【练习目标】

联系生活谈感受写批注，体会描写声音词句的生动，积累并尝试仿写运用。

【课时练习单】

（1）聚焦第二自然段，师生共同为音乐家风进行采风，共同完成"记者手记"。

（2）小组合作聚焦第三、四自然段，合作完成"记者手记"。

（3）为动物写解说词。

【课后练习（分层）】

基础：

（1）为动物音乐家撰写解说词，完成"记者手记"。

拓展：

（1）可以用我们的眼睛、鼻子、嘴巴等继续观察大自然，再完成一份或几份记者采风手记。

（2）借助联系生活谈感受的方法阅读本课阅读链接《瀑布》。

【预计时间】十分钟。

【长周期、跨学科作业】

阅读课内外你感兴趣的有关大自然的文章、诗歌等，对大自然进行采风，完成几份记者手记。

【预计时间】一个周。

第五章
"三序合一"教学集备案例

案例1 三序合一促学习　深化思维提素养——六年级上册《少年闰土》集备案例

青岛嘉峪关学校　唐　琨

集备时间:2023 年 11 月

集备内容:六年级上册《少年闰土》

主 备 人:唐　琨

集备成员:王冬宇　贺　芳　周　萍　徐　华　王　静　侯　玲

《义务教育语文课程标准(2022 年版)》强调全面提升学生的语文素养,大单元整体式教学作为培养学生语文核心素养的重要教学模式,成为小学教学领域研究的重点之一。如何以学科大概念为核心,呈现语文课程结构,优化深度学习,真正落实学生语文核心素养培养目标,构建轻负高效课堂,提升整体教学质量,我们六年级语文教研组针对六年级上册第八单元,开展了语文集备活动。

一、集备的原则

(1)坚持"以新课标、教材为基础,以学生的发展为宗旨"的指导思想,树立正确的备课观,体现新课改理念。

(2)明确教什么。依据"全册备课—单元备课—课时备课"的思路,通览教材,明确本课(本章节)在全册中的地位和作用,掌握知识之间的内在联系,确定教学目标、教学重点和难点。

(3)明确怎么教。了解学生的知识基础、能力基础、心理特点,以生为本,因材施教,努力促进学生发展。

(4)明确优化教。发挥集体备课的作用,同年级同学科的教师集思广益,研究最佳的教学方案。

二、集备的过程

（一）集备前期收集到的教学中的问题

周萍老师依据现阶段学生的学情，以及去年任教教师的数据和经验，提出了以下问题。

（1）单元任务情境不合适，真实性和实践性不够，无法激发学生主动走近鲁迅、深入探究的兴趣。

（2）课堂主问题不明确，在解决"你看到了怎样的闰土"这个问题时，教师提问过于零散，学生的回答缺少条理性。

（3）读写结合不够扎实，本节课在本单元教学中承担部分习作任务，单元要素的落实存在缺失。

（二）集备解决问题的妙招

针对上述的问题，王静老师提出了以下解决方法。

（1）研读"三序合一"，建构理论支撑。教研组的教师尝试从备课开始入手，先深入学习"三序"的概念，即核心知识序、认知建构序、学习活动序的内涵。再明确"合一"的内在要求，即通过"核心知识序"来精准定位"教什么"；通过"认知建构序"引领教师站在学生的视角分析学习过程，定位"怎么教"；通过"学习活动序"来思考如何"优化教与学"，让学生学得有趣、高效。

（2）以学生的学习为中心，走向更深层次的思考，让学生的学习真正发生，学以致用，解决问题，促进学生人格的健全和精神的成长。

（3）以"核心素养"为统一目标，以"认知建构"为设计核心，实现单元整体大情境和语文学习任务群设计进阶的结构性变化，促进素养导向的深度学习。

（三）集备单元教学的内容

1. 关于课标的要求

王静老师对《义务教育语文课程标准（2022年版）》进行了解读。

《义务教育语文课程标准（2022年版）》中，文学阅读与创意表达任务群（第三学段）有以下学习内容：阅读、欣赏革命领袖、革命先烈创作的文学作品，以及表现他们事迹的诗歌、小说、影视作品等，感受革命领袖、革命先烈伟大的精神世界和人格力量，认识生命的价值；阅读表现人与社会的优秀文学作品，走进广阔的文学艺术世界，学习品味作品语言、欣赏艺术形象，复述印象深刻的故事情节，积累多样的情感体验，学习联想与想象，尝试富有创意地表达。

2. 关于教学的内容

侯玲老师立足教材,进行了单元解读。

统编版语文教材六年级上册第八单元的人文主题为"走近鲁迅",编排了《少年闰土》《好的故事》《我的伯父鲁迅先生》《有的人》四篇课文。

《少年闰土》一文中,鲁迅刻画了自己少年时期伙伴的形象,表现了自己内心对童年友谊的怀念,对劳苦大众命运的忧虑;《好的故事》表现了彷徨中的鲁迅先生依然追求美好事物的坚持;《我的伯父鲁迅先生》是鲁迅的侄女周晔写的回忆性散文,为我们展现了生活中的鲁迅——严慈相济,为自己想得少,为别人想得多;《有的人》是著名诗人臧克家为纪念鲁迅逝世 13 周年写的一首诗,歌颂了鲁迅先生的高尚品质。

这四篇课文,既有鲁迅先生自己的作品,也有亲人对鲁迅先生的回忆,也有后世对鲁迅先生的评价,从不同视角,运用不同表现手法,多角度展现了鲁迅的形象。学生要结合语文要素及课后题,了解这位文学巨匠的成就,感受他的精神世界和人格力量,深刻认识生命的价值。综上可以看出,本单元主要指向"文学阅读与创意表达"任务群。

3. 关于学情的分析

如何拉近学生和鲁迅先生的距离,周萍老师对六年级学生的学情进行了分析。

六年级的学生经过学习,已经具备了一些理解课文的能力。但由于这篇课文写作的时间在 20 世纪初,学生在理解课文的内容时有一定的困难,再加上学习的内容与学生的实际生活相距甚远,这也增加了理解上的难度。教师在讲述本课时,往往不敢放手,生怕学生有理解不到位的地方。而学生是学习的主体,教师要关心学生的个体差异和不同的学习需求,保护好学生的好奇心和求知欲,充分激发学生的主动意识和进取意识。

本着学习一篇课文,了解一位作家,为学生打开一扇阅读的窗户的宗旨。本单元在学习第一篇课文时,同步补充阅读短篇小说《故乡》,这篇小说可以帮助学生了解当时的时代背景——各种苛捐杂税使得民不聊生。补充阅读《社戏》《从百草园到三味书屋》,帮助学生了解鲁迅的少年生活。学习《好的故事》时,补充阅读萧红的《回忆鲁迅先生》《致颜黎民》两篇文章,帮助学生认识作为思想家、革命家的鲁迅。学习《我的伯父鲁迅先生》时,补充阅读巴金的《永远不能忘记的事情》、鲁迅夫人许广平《欣慰的纪念》两篇文章,使学生了解人们在痛失鲁迅先生时的悲痛,真正认识被誉为"民族魂"的鲁迅。

4. 关于单元的统整

贺芳老师就如何结合单元语文要素、进行单元整体教学提出了思路。

　　根据本单元的语文要素,教学紧紧围绕"借助相关资料,理解课文主要内容"和"通过事情写一个人,表达出自己的情感"两个关键点展开。

　　(1)给予学生阅读的支点,学习"借助相关资料,理解课文主要内容"。关于资料的合理使用,通过三到五年级的综合性学习,学生的材料收集、筛选、分类等能力不断提升,本单元是五年级综合性学习单元之后的第一个单元,鲁迅生活的年代离学生较远,查找相关资料是了解鲁迅,受到爱国主义熏陶的最有效途径。《少年闰土》是本单元的第一课,学生要品读重点段落,初步感知闰土机智勇敢、见多识广的人物形象;联系《故乡》一文的创作背景及原文资料,更深刻地理解闰土形象背后寄托的作者对农民穷苦命运的同情;联系鲁迅的个人经历,进一步感受作者对唤醒麻木心灵的极度渴望,有方向、有选择、有方法地借助资料,使理解和感受层层深入。

　　(2)紧扣单元要素,"通过事情写一个人,表达出自己的情感"。横向来看,习作以"有你,真好"引入,引导学生回忆看到这句话你想到了谁。《少年闰土》一课,教师引导学生感受静态环境中的动态人物形象,为什么觉得有他"真好"以及哪几件事感触较深。《我的伯父鲁迅先生》一课,通过具体事例感知人物特点,了解当时的场景是怎样的。《好的故事》一课,学生学习把事情写具体,融入自己的情感。

　　(四)集备形成结论

　　结合上述分析,唐琨老师确定了本单元任务主题,创设了真实的教学情境。

　　本单元设置了"原来你是这样的鲁迅——走进文学巨匠鲁迅先生"的大情境,学生通过作家鲁迅、亲人鲁迅、印象鲁迅三个板块的学习,结合语文园地中的名言拓展和课外资料,形成学生个体化认知的"我眼中的鲁迅"人物形象,完成鲁迅人物档案。学生在达成阅读要素的同时,回忆生活中对自己产生影响的人和事,运用静态环境与动态人物相结合的方法把当时的场景写具体,表达自己的情感,读写结合,实现方法的实践运用。

三、集备的成果

　　通过教研组三轮试讲、两次研讨、一次市课展示,《少年闰土》最终的课程设计如下。

25　少年闰土

执教人:唐　琨

一、单元目标

(1)会写23个生字,会写29个词语,积累鲁迅的名言。

（2）能用较快的速度默读课文，有感情地朗读课文，背诵相关段落。

（3）能借助课文和写作背景、个人经历等相关资料，理解课文主要内容。

（4）有方向、有选择地使用资料，通过反复品读在静态环境中感受动态的人物形象，进一步感受鲁迅忧国忧民的责任担当和爱国情怀，从不同角度丰富对鲁迅的认识，完成鲁迅人物档案。

（5）能通过事例写一个人，运用静态环境与动态人物相结合的方法把场景写具体，融入自己的情感。

（6）感受鲁迅先生的爱国情怀和高尚品质，增强爱国主义情感。

二、单元情境

单元任务主题为"原来你是这样的鲁迅——走进文学巨匠鲁迅先生"，学生通过作家鲁迅、亲人鲁迅、印象鲁迅三个板块的学习，结合语文园地中的名言拓展和课外资料，形成学生个体化认知的"我眼中的鲁迅"人物形象，完成鲁迅人物档案（图5-1）。

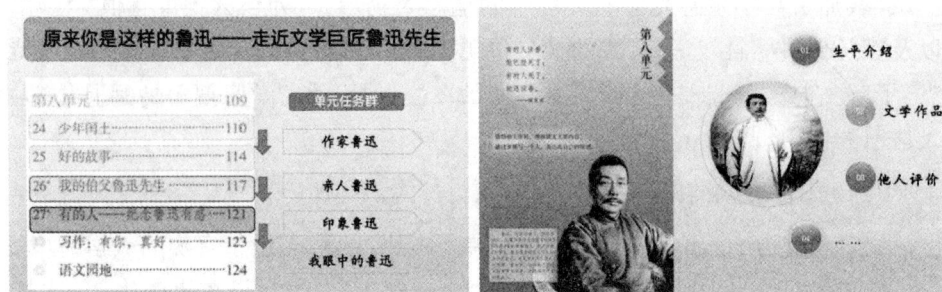

图5-1　六年级上册第八单元的单元情境

三、课时目标

（1）借助注释了解"项带银圈""希奇""检贝壳"等字词的特殊用法，正确、流利、有感情地朗读课文，背诵第一自然段。

（2）通过做批注，感受少年闰土勇敢机智、活泼可爱、见多识广的人物形象；借助资料，了解闰土发生的变化，感受鲁迅忧国忧民的责任担当和爱国情怀。

（3）学习静态环境和动态人物相结合描绘场景的写作方法，想象画面，改写新鲜事，并能在习作中尝试使用。

四、教学设计

（一）单元任务导入

1. 布置单元任务

为了帮助大家更好地了解鲁迅，我设计了这样的大单元任务主题：原来你是这样的鲁迅——走近文学巨匠鲁迅先生。这一单元,我们将会从作家鲁迅、亲人鲁迅、印象鲁迅和我眼中的鲁迅四个板块展开学习,最终完成鲁迅人物档案,真正走近鲁迅。今天这节课,我们就先来完成作家鲁迅档案的梳理。

2. 课文插图导课

【设计意图】第八单元以"走近鲁迅"为主题,《少年闰土》《好的故事》两篇精读课文是鲁迅的作品,对应大单元任务中的"作家鲁迅"板块,后两篇略读课文是别人描写鲁迅的作品,一篇是鲁迅侄女周晔写的回忆性散文,一篇是臧克家写的现代诗歌《有的人》,对应"亲人鲁迅"和"印象鲁迅"板块,再结合"语文园地"中的名言拓展,结合课外资料,形成具有学生个体化认知的"我眼中的鲁迅"人物形象,从而完成本单元的学习任务"原来你是这样的鲁迅——走近文学巨匠鲁迅先生",最终完成鲁迅人物档案。

(二)初读梳理内容

1. 解决难读字词

(1)特殊用法保留原貌。

带 检

(2)难读词语重点强调。

猹 獾猪 鹁鸪 祭祀 装弶 秕谷 毡帽 伶俐 窜

【设计意图】引导学生借助课文注释,了解文中部分用字与现在不同,一方面帮助学生感知鲁迅那个时代文学作品的特点,另一方面感受鲁迅作品的独特风格,便于学生后续的学习。

2. 通读课文,梳理内容

板贴:月下看瓜刺猹 初相识 讲新鲜事

3. 初步感知,梳理写法

总结:作者先描写了闰土刺猹的环境,再将他刺猹的动作进行了细致的刻画。这么美好的夜晚,这么灵动的闰土,这么美妙的场景,永远留在作者的心里,更让我们感受到了闰土在月光下美好的少年形象。

【设计意图】作者对闰土介绍的"月下看瓜刺猹"这件事印象最深刻,放在开篇详细描写,一方面引导学生初步感知闰土在鲁迅心里留下的印象,一方面学习鲁迅描写场景的方法,环境描写和细节刻画相结合,让读者印象更加深刻。

(三)精读感知闰土形象

出示课后题二,自选角度,结合相关内容,默读批注,小组交流你的自学成果。

1. 初相识的闰土

◎ 抓外貌描写

健康　天真　活泼　害羞　纯朴……

2. 讲新鲜事的闰土

(1)梳理四件新鲜事:雪地捕鸟、海边拾贝、月下刺猹、看跳鱼儿。

(2)人物感知。

◎ 抓动作、语言描写

捕鸟:聪明、经验丰富……

刺猹动作和对话:机智勇敢、负责、善良……

看跳鱼儿:细心、观察仔细……

3. 练笔:想象画面,聚焦细节

同样是月下刺猹,课文中作者有语言的描述,也有场景的描绘,都让我们感受到闰土的机智勇敢,感受到美好的形象。课文中还有好几件新鲜事,仿照第一自然段的样子,试着写一写。先写想象的画面,再聚焦人物的细节。

【设计意图】学生通过细节描写感受了闰土的形象后,仿照第一自然段"环境描写＋细节描写"来刻画场景的方法,从其他的三件新鲜事中选一件进行想象和改写。这既是写法的学以致用,又能帮助学生更全面地感受鲁迅笔下的闰土形象。

4. 鲁迅的内心感受衬托的闰土形象

课件出示课后题句子。

总结:我什么都不知道,闰土却什么都知道,更能体现闰土的见多识广,所以我对他非常敬佩、崇拜、喜欢……

5. 结合《同步练习册》,感受中年闰土形象

出示中年闰土图片,打开《同步练习册》75页,快速默读,看看中年的闰土又给你留下了怎样的印象?

总结:居住在海边、饱受贫困、木讷的、凄惨的、没有生活希望的农民形象……

6. 提出变化疑问,选择资料学习

快速阅读,同桌讨论,答疑解惑。

【设计意图】通过出示图片,让学生初步感受闰土的巨大变化,再出示鲁迅笔下的中年闰土的形象,再次引起学生的震惊和不解,进而依据学生的质疑,提供阅读的资料,引导学生明确借助资料要有方向、有选择、有方法。

7. 由鲁迅笔下的闰土初步感知鲁迅的形象

（1）出示图片,讲述鲁迅弃医从医的原因。

（2）结合名言感受鲁迅形象。

忧国忧民、疾恶如仇、民族大义……

总结:倾听他唤醒民族灵魂的声音,学习他救国救难的担当,鲁迅是我们中国的脊梁。

8. 凝聚情感,背诵第一自然段

初读课文,我们感受到了少年闰土的美好,女生们读。

了解了中年闰土的境遇,我们读懂了作者的心痛,男生们读。

当我们走近历史,走近鲁迅,才读懂了他对唤醒人们心灵的极度渴望,全班一起读。

你们是这样的吗？你们在努力成为更好的自己吗？这是鲁迅对我们的嘱托啊,能背过的可以尝试背诵,齐读。

【设计意图】在学生感受了闰土的境遇,了解了鲁迅为国为民的情怀后,再次回归课文第一自然段,在之前初读感知、学习写法、练笔仿写的基础上,再通过逐层递进的朗读,让学生在深刻感受鲁迅笔下的闰土中熟读成诵。

（四）作业布置

1. 基础型作业

背诵第一自然段,练写、复习生字,下节课听写。

2. 发展型作业

完成课后练笔。

3. 拓展型作业

推荐阅读。

孩童时期:《从百草园到三味书屋》《朝花夕拾》。

青少年时期:《阿长与〈山海经〉》《藤野先生》《社戏》。

对社会的反省、对国家的热爱:《故乡》《中国人失掉自信了吗》《孔乙己》。

【设计意图】发展型作业其实就是课后的小练笔,本节课既有写法的指导,又有照片的运用,在此基础上,让学生寻找生活中给他或她带来触动的照片,运用本节课学到的写法,完成练笔。拓展型作业是依据学生学情设定的,既为接下来的鲁迅人物形象档案做了准备,也为即将上初中的六年级学生提供了长期阅读的书单,便于学生对鲁迅这一人物有进一步的了解。

通过本课的学习,我们初步完成了"作家鲁迅"这一板块的人物档案的一部分,那《好的故事》中,我们又能感受到怎样的鲁迅呢？下节课,我们继续学习。

案例 2　三序合一促学习　情节为环提素养——三年级上册《司马光》集备案例

青岛镇江路小学　胡晓尧

集备时间:2023 年 12 月

集备内容:三年级上册《司马光》

主　备　人:胡晓尧

集备成员:厉　颜　丁　翠　姜秋琦　丁楚凡　郑海霞

　　《义务教育语文课程标准(2022 年版)》立足学生核心素养的发展,强调语文学习任务群的构建和增强课程实施的情境性和实践性。语文教学要以生活为基础,以语文实践活动为主线,以单元学习主题为引领,创设创新性的大单元学习情境环,设计富有挑战性的单元学习任务,促进学生自主、合作、探究学习。我们三年级语文教研组针对三年级上册第八单元,展开了语文集备活动。

　　一、集备的原则

　　坚持以新课标为理念指导,以培养核心素养为目标取向,以情境环设计为承接,树立正确的备课观,体现新课改理念。

　　认真学习新课标,分析课文所在的位置及前后联系,明确教材的编写意图并确定学习目标,分析学生学习的重难点和关键点。

　　重视教学设计。教学设计要突出教学目标,突出学生的主体参与、自主学习、合作学习、探究学习和师生互动。

　　训练设计应具有针对性、层次性、创新性,把面向全体、因材施教与培养学生的实践创新能力有机结合起来。

　　二、集备的过程

　　(一)集备前期收集到的教学中的问题

　　丁翠老师依据三年级学生的学习情况以及以往的教学经验,提出以下问题。

　　(1)单元任务情境不合适,与每一课的贴合度不够,只能满足《司马光》这一课的需要。

　　(2)没有教出文言文特有的感觉,学生学完之后难以总结出文言文的特点和规律,没有总结出规律性知识。

　　(3)对人物品质的挖掘不够深入,学生只能浅显地体会司马光的聪明机智。

（二）集备解决问题的妙招

针对上述的问题,姜秋琦老师提出了以下解决方法。

（1）确定以"三序合一"为指引,以"情境环"教学模式为依托的理论依据。"三序",即核心知识序、认知建构序、学习活动序;"合一"即通过"核心知识序"精准定位"教什么",通过"认知建构序"引领教师站在学生的视角分析学习过程,定位"怎么教";通过"学习活动序"思考如何"优化教与学",让学生学得有趣、高效。"情境环"关注情境创设对学生核心素养整体提升和螺旋发展的重要作用,力求为不同层次的学生创设适切的情境。

（2）以促进学生核心素养发展为目的,面向全体学生,突出文言文教学的基础性和规律性。

（3）围绕创造性转化和创新性发展要求,通过具有内在逻辑关联的语文实践活动,挖掘并弘扬中华传统美德。

（三）集备单元教学的内容

1. 关于课标的要求

丁楚凡老师对《义务教育语文课程标准（2022年版）》进行了解读。

《义务教育语文课程标准（2022年版）》中,文学阅读与创意表达任务群（第二学段）有以下学习内容:阅读并讲述革命故事、爱国故事、历史人物故事,感受幸福生活来之不易,表达自己对美好生活的向往,以及对革命英雄、仁人志士的崇敬之情。

2. 关于教学的内容

丁翠老师立足教材,进行了单元解读。

统编版教材三年级上册第八单元的人文主题是"美好品质",编排了精读课义《司马光》《灰雀》《手术台就是阵地》和略读课文《一个粗瓷大碗》四篇课文,以及口语交际、语文园地和习作,其中《司马光》是小学阶段安排的第一篇文言文。《义务教育语文课程标准（2022年版）》指出,"义务教育语文课程围绕立德树人根本任务,充分发挥其独特的育人功能和奠基作用,以促进学生核心素养发展为目的,以识字与写字、阅读与鉴赏、表达与交流、梳理与探究等语文实践活动为主线,综合构建素养型课程目标体系"。立德树人,促进学生身心全面发展,是当前社会价值追求、教育价值追求、个体价值追求的共同归宿和实现机制。司马光的聪明机智、沉着冷静、当机立断,列宁关爱小男孩、小男孩用诚信回馈列宁,白求恩大夫作为一名国际主义战士在中国战场的极度负责、坚守阵地、临危不惧,以及赵一曼不为自己专为别人、与战士同甘共苦、以身作则的精神,都是美好品质的集中体现。同时,语文园地中"日积月累"板块编排了关于如何待人的古代名言,与"美好品质"的人文主题相呼应。

3. 关于学情的分析

姜秋琦老师对三年级学生的学情进行了分析。

三年级学生刚刚由低段过渡到中段的学习,他们接受能力、模仿能力强,活泼好动,形象思维仍占优势,但依赖性强、自我约束能力差。本阶段的学生已经掌握了大量的识字方法,具有一定的自主识字能力;学习了默读的基本方法,能够做到集中注意力,不出声、不动唇、不指读。在古诗学习中,学生已经接触过注释;在二、三年级的学习中,学生已经学习过利用联系上下文等方法理解关键词句的意思,这些都为学生读懂文言文大意奠定了基础。但是文言文中存在古今异义、状语后置等情况,这给学生的理解造成了一定的困难,需要老师给予指导。

4. 关于单元的统整

丁楚凡老师就如何结合单元语文要素、进行单元整体教学提出了思路。

本单元的阅读要素是"学习带着问题默读,理解课文的意思",这是对二年级"尝试不出声、不指读"这一学习任务的提升。针对这一要素,25课《灰雀》的阅读任务是默读课文,猜测心理;26课《手术台就是阵地》的阅读任务是默读课文,思考课题的含义;27课《一个粗瓷大碗》的阅读任务是默读课文,说说背后的故事。语文园地综合梳理了默读课文的方法,整个单元从分到总,引导学生逐步提升素养。二、三年级对于默读的要求如表5-1所示。

表5-1　二、三年级对于默读的要求

教材位置	课文	要求
二上第七单元	《雪孩子》	默读课文,试着不出声
二上第八单元	《纸船和风筝》	
二下第一单元	《邓小平爷爷植树》	默读第三自然段,借助插图,说说邓爷爷植树的情景
二下第二单元	《千人糕》	默读课文,借助插图,说说米糕是经过哪些劳动才做成的
二下第四单元	《枫树上的喜鹊》	默读课文,文中反复说"我喜欢",说说"我"喜欢的是什么
二下第八单元	《羿射九日》	默读课文,不要指读
三上第一单元	《不懂就问》	默读课文,想想课文讲了一件什么事,和同学交流你对这件事的看法,把有新鲜感的词句画下来和同学交流

教材位置	课文	要求
三上第三单元	《那一定会很好》	默读课文,想一想,从一粒种子到阳台上的木地板,它经过了一段怎样的历程?试着用自己的话说一说
	《一块奶酪》	默读课文,想想课文围绕一块奶酪讲了一件什么事,再说说你喜不喜欢文中的蚂蚁队长,理由是什么
三上第七单元	《父亲、树林和鸟》	默读课文,想一想:为什么说"我真高兴,父亲不是猎人"
三上第八单元	《灰雀》《手术台就是阵地》《一个粗瓷大碗》	学习带着问题默读,理解课文的意思

本单元的习作要素是学写一件简单的事,这是小学阶段第一次安排写一件事。这一单元的课文都是通过写事来体现人物品格的,能初步为学生的习作奠定基础。小学阶段关于写事的习作训练要素在部编版教材中的分布如表 5-2 所示。

表 5-2 部编版小学语文教材中的习作训练要素分布

教材位置	主题	习作要求
三上第八单元	那次玩得真高兴	学写一件简单的事,按顺序把玩的过程写清楚
三下第二单元	看图画,写一写	把图画的内容写清楚
三下第三单元	中华传统节日	收集传统节目的资料,交流节日的风俗习惯,写一写过节的过程
三下第四单元	我做了一项小实验	观察事物的变化,把实验的过程写清楚
四上第五单元	生活万花筒	写一件事,把事情写清楚(按照事情的起因、经过、结果把一件事写清楚)
四上第六单元	记一次游戏	记一次游戏,把游戏过程写清楚
四上第八单元	我的心儿怦怦跳	写一件事,能写出自己的感受
四下第六单元	我学会了……	按一定的顺序把事情的过程写清楚
五下第一单元	那一刻,我长大了	把一件事的重点部分写具体
六上第二单元	多彩的活动	尝试用点面结合的方法记一次活动
六上第三单元	……让生活更美好	写生活体验,试着表达自己的看法
六上第四单元	笔尖流出的故事	发挥想象,创编生活故事

续表

教材位置	主题	习作要求
六上第五单元	围绕中心意思写	从不同方面或选取不同事例,表达中心意思
六上第七单元	我的拿手好戏	写自己的拿手好戏,把重点部分写具体
六下第一单元	家乡的风俗	写作时,注意抓住重点,写出特点
六下第三单元	让真情自然流露	写作时,选择合适的内容写出真情实感

(四)集备形成结论

结合上述分析,胡晓尧老师确定了本单元任务主题,创设了真实的教学情境。

围绕"美好品质"这一人文主题,本单元设置了"美好展览馆"的单元学习情境。为使学生达成"学习带着问题默读,理解课文的意思",本单元设置了四大学习任务,一是通过语文园地的学习,学习带着问题默读的方法;二是用上学到的方法,在《灰雀》《手术台就是阵地》《一个粗瓷大碗》的学习中训练带着问题默读的思维方式,从而感悟人物品质;三是在感悟司马光的美好品质,从其身上汲取力量的同时,转换角度,以其他儿童的身份请教解决问题的办法;四是引导学生认识自己身边也有很多美好,分享一件简单的、美好的事情。

三、集备的成果

通过教研组三轮试讲、两次研讨、一次区课展示,《少年闰土》最终的课程设计如下。

24　司马光

执教人:胡晓尧

一、单元目标

(一)识字与写字

(1)能通过利用形声字的特点、借助熟字、分类识记等方法认识"跌、胸、捧"等36个生字,借助字义辨析读准三个多音字"斗、大、还"。

(2)能关注间架结构、关键笔画,写好"司、庭、郊"等30个字,感受汉字的书写特点和形体美。

(3)利用查阅字典、借助近义词、联系上下文、联系生活实际等方法理解"郊外、养病"等29个词语,初步感受汉字的文化内涵。

(二)阅读与鉴赏

(1)正确、流利、有感情地朗读课文。借助人物和动作读好文言文的停顿,背诵《司马光》。

（2）能利用借助注释、组词、结合图片、想象画面等方法理解《司马光》课文大意，并用自己的话讲故事，初步感受文言文的特点，简单说出文言文与现代文的语言差异。

（3）能带着问题默读课文，理解课文内容，体会人物心理变化。

（4）结合具体事件，尝试通过人物的动作、语言等揣摩人物的心理活动，感受人物美好品质。

（三）表达与交流

（1）能就自己解决不好的问题有礼貌地向别人请教。

（2）能简单地写一次玩的过程，并带着问题将这一过程写清楚，表达出当时快乐的心情，正确使用标点符号。

（四）梳理与探究

（1）能交流、总结带着目的和问题默读课文的方法，并将其运用到阅读中去。

（2）能根据形声字的特点认识生字，能猜测词语的意思并辨析近义词。

（3）能分类整理购物清单，体会分类列清单的好处。

（4）朗读、背诵关于如何待人的名言，大致了解名言蕴含的道理。

二、单元情境

本单元的单元情境如图5-2所示。

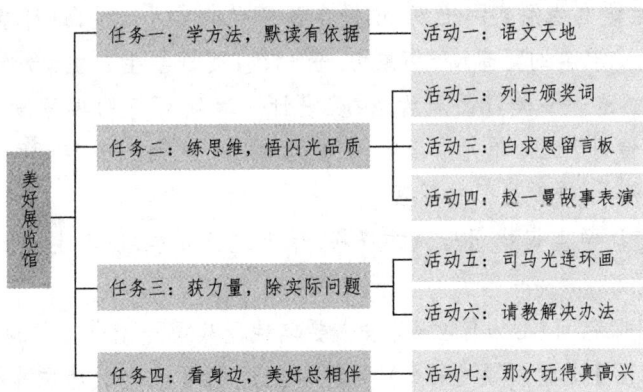

图5-2 三年级上册第八单元的单元情境

三、课时目标

（1）借助注释和图片认识"瓮"，通过组词理解多音字"没"并读准其读音。通过动作表演，随文认识"登"，关注间架结构、关键笔画，写好这个字。

（2）通过老师范读,总结文言文停顿规律。借助分隔符号读好停顿,初步感受文言文的语言特点。（学习重点）

（3）通过借助注释、结合图片、组词理解的方法,用自己的话讲讲这个故事。（学习难点）

（4）通过人物对比、品析关键词句,感悟并学习司马光聪明机智、沉着冷静、当机立断的闪光品质。

四、教学设计

（一）单元情境导入

同学们,经过前几节课的学习,美好展览馆中的展品已经越来越丰富啦！这节课我们将继续完成展品制作。

翻开课本的单元页,会看到这样一句话——"美好的品质,犹如温暖的阳光,带给我们希望和力量。"在这个单元中,我们将认识给我们带来力量的司马光、列宁、白求恩、赵一曼,这个月我们就来把他们的故事带给一年级的小朋友。

下面让我们走进第一篇课文,请大家齐读课文题目——司马光。最终,我们将通过连环画的形式来宣传司马光的故事,学完本课大家会完成一本有图有文又有声的连环画,翻开它,人们不但可以读到、看到司马光的故事,还可以扫描二维码听到你的讲解。你们期待吗？要想做好这本连环画,我们首先要认识一下司马光。

【设计意图】《义务教育语文课程标准（2022年版）》强调,义务教育语文课程实施从学生语文生活实际出发,创设丰富多样的学习情境,设计富有挑战性的学习任务,激发学生的好奇心、想象力、求知欲,促进学生自主、合作、探究学习。本课以单元主题——美好品质为依托,设计了真实可行的学习情境,让学生在"闪光品质宣传月"这一单元情境下,完成本课学习任务——连环画创作。

（二）任务一:借助生平初了解

（1）课前让学生查找司马光的资料,课上进行分享,使学生形成对司马光的初步认识。

（2）抛出探究问题:为什么《宋史》要单独记载司马光小时候的故事？

【设计意图】通过质疑《宋史》为何单独记载司马光小时候的故事,抛出问题,激发学生的探究意图,引发学生的学习兴趣。同时,将现代文与文言文进行对比,引导学生初步了解两者的不同,感受文言文的特点。

（三）任务二:通过事例广了解

活动1:读准文言文

（1）指名读课文,并让该生带领其他学生读重点字词。

（2）重点解决"瓮"的读音,并借这个字学习借助注释、结合图片理解文言文的方法。

板贴:借助注释、结合图片。

（3）读准多音字"没",学习组词理解文言文的方法。

板贴:组词理解。

（4）理解了"瓮""没"之后,齐读"一人登瓮,足跌没水中"一句。

（5）使用以上方法理解"皆""迸",再读"众皆弃去""水迸"。

【设计意图】本环节意在引导学生把文言文读准确。通过认识"瓮",引导学生学会看文言文中的注释,从而了解学习文言文的方法——借助注释、结合图片。通过读准多音字"没",学生学习组词理解文言文的方法。学生学了方法之后,通过读准、理解"皆""迸"进行巩固加深。

活动2:读好文言文的停顿

（1）教师范读,让学生发现文言文的停顿。

（2）教师再读"群儿戏于庭,一儿登瓮",引导学生发现主谓之间需要停顿,并尝试自己划分"众皆弃去""光持石击瓮破之""儿得活"。

（3）教师再读"足跌没水中",引导学生发现连续动作之间需要停顿,并自己尝试划分"光持石击瓮破之"一句。

（4）借助分隔符号,读出停顿。

【设计意图】本环节意在引导学生读好文言文的停顿。通过教师范读,学生总结文言文的停顿规律,并尝试自己划分文言文的节奏,从而加深记忆。

活动3:读懂文言文

（1）了解文言文

①使用学到的方法,同桌合作,讲解第一句的意思。找一组学生说一说。

②引导学生了解文言文状语后置的特点,明确解释文言文时需要按照现在的语序。

③借助规律让学生说一说"女娲游于东海""步于中庭""躬耕于南阳"的意思。

④借助规律,结合图片,让学生自己尝试写文言文。

【设计意图】通过比较,学生发现文言文通常把表示地点的词语放在句子后面的特点,学生认识到解释文言文时要按照我们现在的语言习惯把地点移到前面。总结出以上规律后,让学生对这一规律加以运用,从而理解更多的文言文,并尝试自己写文言文。

（2）用上学到的方法,同桌合作,讲解第二句的意思。小组合作表演第二句的情景。

（3）通过将连环画图文对照、借助连环画讲故事,检测学生对课文的理解情况。

【设计意图】《义务教育语文课程标准(2022年版)》强调要加强学生的语言表达能力训练,图文结合讲故事正是运用语言文字的体现。学生理解本文内容之后,通过图文对照加以检测,将图片与原文对应起来的过程也是学生理解句子内容的过程。

（4）通过动作表演认识"瓮",关注间架结构、关键笔画,写好这个字。

【设计意图】随文识字,让学生借助课文认识"瓮"字,又通过认识这个字帮助学生理解课文。

活动4:感悟人物品质

（1）引导学生思考哪几幅图最能体现司马光的品质。

（2）抓住"众皆弃去",对群儿的做法展开想象。

（3）联系上文的"没"、下文的"迸",默读课文,思考司马光的办法好在哪里。

（4）创设情景,教师引读让学生进一步感受司马光的办法为什么好,并体会司马光的闪光品质。

【设计意图】抓住文中的关键语句,通过人物对比、联系上下文理解、煽情引读引导学生感受司马光与其他孩子不同的地方,感受司马光的办法为什么好,从而体会司马光的闪光品质。

（四）任务三:拓展资料广了解

（1）补充《宋史》中关于司马光爱读书的资料,让学生说说从中感受到了什么。

（2）让学生谈谈为什么《宋史》要单独记载司马光小时候的故事。

（3）借助连环画背诵文言文。

【设计意图】补充史料,让学生在借助本节课学到的方法读懂更多文言文的同时,进一步体会司马光的美好品质,感受司马光给大家带来的力量。

（五）作业布置

基础型作业:借助连环画,把这个故事讲给别人听。

发展型作业:梳理总结本节课学到的理解文言文的方法。

拓展型作业:使用今天学到的方法再来读读《曹冲称象》这篇文言文。

【设计意图】作业设计中有对单元任务的落实,即完成连环画,完成展览布置;也有对本课学到的方法的总结;最后还有对方法的使用,充分体现了作业是课堂的延续。

通过本课的学习,我们初步完成了"美好展览馆"中"司马光连环画"部分。

后　记

"要办一流的教育就必须要造就一流的教师队伍！"

青岛市教育局高度重视青岛名师培养工程，把名师培养作为高素质教师队伍建设的切入点，并在经费投入、遴选模式、培养模式、培养人选的选择及管理上下足功夫，旨在造就一批师德高尚、教育理念先进、视野广阔、业务精湛、教学和科研能力强、富有开拓创新精神，在业内、省内甚至国内有较高权威、知名度和影响力的教师队伍。

《引航：智慧共生　卓越同行》一书的出版与发行顺势而为。作为全市教师培训的实施者和教育成果的推广者，青岛市中小学教师培训中心有责任有义务关注、推动并讲好优秀教师们每一个平凡朴素、甘苦自知而又可歌可泣的教育故事。该书的文稿征集工作得到了名师们的鼎力支持，尤其是第四期青岛名师培养工程的学员们。征稿期间，一篇篇佳作纷至沓来，甚至截止日期过后，仍有不少老师前来电话问询。我们在此对名师们表示由衷的感谢！

本书包括"成长足迹""教育故事""智慧课堂"三大板块，分别侧重名师专业发展、班主任管理育人经验和教学研究，当然，这只是一个大致的分类，每一个具体而真实的教育行为都渗透且体现着教师所有的智慧和能力。从投稿数量看，"智慧课堂"板块的投稿数量最多，其次是"成长足迹"板块，"教育故事"板块的投稿数量最少。三大版块的投稿数量共计近百篇。从稿子内容看，每一篇都是一个好故事。编者几乎为所有文稿做了记录和摘要，每每被眼前的文字和背后的人物感动得热泪盈眶。比如"成长足迹"板块里常年为学生捐款的"平度好人"唐金亮，出租车为其停下计价器的陈国梅，一勤天下无难事的省抗疫优秀志愿者宋军华，从落后乡镇学校出身成长为信息技术专家的朱海涛……又比如"教育故事"板块里提出先进班级成长记四种进阶方略的郭德利，指导学生在家庭中如何通情达理与家长沟通的刘桂美，笃行爱和激励是最好教育的兰兰，因一个恶作剧电话而唤起差生教育反思的张玉萍……还有"智慧课堂"板块里时时展露着拈花微笑的每一位教育者的身影！

天行健，君子以自强不息。透过这些稿子，我看到了名师之为名师的执着信念和踏实步伐，也找到了他们有迹可循的成长共性：对专业发展有明确的规划意识，对先进理念有求知若渴的诉求，对教学技能有精益求精的韧性，对合作团队有强烈的参与精神……最重要的，是对教育事业有忠贞不渝的热爱。依靠这样一支队伍，我们的孩子定会得到温暖的关爱和悉心的培育；依靠这样一支队伍，以之引领和带动全市教育改革与发展并构建具有青岛特色的现代化教育体系的愿景也一定能实现！

要特别说明的是，参与本书统稿和审核工作的领导和老师分工如下：赵丽、张国华负责全书的统稿和审核，张国华撰写了三个板块的篇首语和后记，唐金亮、官明娟负责"成长足迹"的审核，陈玲玲、张家跃负责"教育故事"的审核，杨越负责"智慧课堂"的审核。

由于水平所限，书稿中难免有错误和疏漏之处，敬请广大读者批评指正。

张国华

2022年8月